Sucesso do Cliente

-

Guia Básico e Fundamentos

Capítulo 1: Introdução ao Sucesso do Cliente

- O que é Sucesso do Cliente?

Sucesso do Cliente: O Conceito e sua Importância

O Sucesso do Cliente é uma filosofia e estratégia empresarial que coloca o cliente no centro de todas as operações e decisões. Ele se baseia na ideia de que o sucesso do cliente é o sucesso da empresa. Em outras palavras, a empresa não apenas fornece um produto ou serviço, mas também se compromete a garantir que os clientes obtenham valor real e resultados positivos ao usá-lo. Vamos explorar em detalhes esse conceito e sua importância.

Definindo o Sucesso do Cliente:
- Entrega de Valor Contínuo: O Sucesso do Cliente vai além da simples venda. Envolve

garantir que os clientes alcancem seus objetivos ao usar o produto ou serviço da empresa. Isso pode incluir ajudar os clientes a resolver problemas, aproveitar ao máximo os recursos disponíveis e crescer com a solução ao longo do tempo.

- Relacionamento de Longo Prazo: O Sucesso do Cliente busca criar relacionamentos sólidos e duradouros. Clientes satisfeitos são mais propensos a permanecer leais, comprar mais e até mesmo promover a empresa para outras pessoas.

- Feedback e Melhoria Contínua: Envolve ouvir ativamente os clientes, coletar feedback e usar essas informações para melhorar constantemente o produto ou serviço. Isso ajuda a manter a relevância no mercado em constante evolução.

Exemplos Práticos:

1. Software como Serviço (SaaS): Empresas que oferecem software como serviço muitas vezes têm equipes de Sucesso do Cliente dedicadas. Elas ajudam os clientes a configurar o software, treinam-nos para usá-lo de forma eficaz e oferecem suporte contínuo. Por exemplo, a Salesforce oferece recursos de Sucesso do Cliente para garantir que seus clientes tirem o máximo proveito de sua plataforma CRM.

2. Comércio Eletrônico: Lojas online que se concentram no Sucesso do Cliente procuram tornar a experiência de compra simples e agradável. Eles podem oferecer assistência ao cliente rápida, políticas de devolução flexíveis e personalização com base nas preferências do cliente. A Amazon é um exemplo notável de uma empresa que se concentra no Sucesso do Cliente em seu modelo de negócios.

3. Bancos: Instituições financeiras buscam o Sucesso do Cliente através de serviços bancários personalizados, consultoria financeira e soluções de gerenciamento de patrimônio. Eles ajudam os clientes a atingir metas financeiras e prosperar financeiramente.

Importância do Sucesso do Cliente:

- Retenção de Clientes: Quando os clientes alcançam sucesso com um produto ou serviço, eles são mais propensos a permanecer como clientes leais por mais tempo. Isso reduz a rotatividade de clientes e aumenta a receita recorrente.

- Aumento de Receita: Clientes satisfeitos estão mais dispostos a comprar mais, atualizar para planos premium e fazer referências a novos clientes. Isso resulta em um aumento direto na receita da empresa.

- Reputação e Marketing: Clientes felizes são defensores da marca. Eles compartilham suas experiências positivas, o que pode atrair novos clientes e fortalecer a reputação da empresa.

- Feedback para Melhoria: O feedback dos clientes é uma fonte valiosa de insights para aprimorar produtos e serviços. Isso ajuda a empresa a se manter competitiva e relevante no mercado.

O Sucesso do Cliente não é apenas uma estratégia, mas uma mentalidade que coloca o cliente no centro de tudo. É uma abordagem que gera benefícios tanto para os clientes quanto para a empresa, contribuindo para o crescimento sustentável e a prosperidade a longo prazo.

Por que o Sucesso do Cliente Importa para os Negócios

O Sucesso do Cliente é muito mais do que apenas uma abordagem, é uma estratégia fundamental que se tornou uma prioridade para empresas de todos os tamanhos e setores. Vamos explorar as razões pelas quais o Sucesso do Cliente é essencial para os negócios e como essa abordagem pode trazer benefícios de longo prazo:

1. Retenção de Clientes: Manter clientes existentes é geralmente mais econômico do que adquirir novos. Quando os clientes alcançam o sucesso com o seu produto ou serviço, eles têm menos probabilidade de buscar alternativas. Isso reduz a rotatividade de clientes, mantendo a receita constante e previsível.

2. Aumento de Receita: Clientes satisfeitos são mais propensos a comprar mais. Eles podem atualizar para planos premium, adquirir produtos adicionais ou contratar serviços complementares. Isso resulta em um aumento direto na receita, conhecido como aumento do valor do tempo de vida do cliente.

3. Marketing de Boca a Boca: Clientes felizes são embaixadores da sua marca. Eles compartilham experiências positivas com amigos, familiares e colegas. O boca a boca positivo é uma forma poderosa de marketing que atrai novos clientes sem custos adicionais de aquisição.

4. Feedback para Melhoria: Os clientes são uma fonte valiosa de feedback. Ao ouvir ativamente seus clientes, você pode identificar áreas de melhoria em seu produto ou serviço. Isso ajuda a empresa a se manter competitiva, inovadora e adaptada às necessidades do mercado.

5. Fidelidade do Cliente: Quando os clientes experimentam sucesso e satisfação com uma empresa, eles tendem a permanecer leais a ela. Isso cria relacionamentos de longo prazo que são resistentes a ataques da concorrência.

6. Redução de Custos de Suporte: Clientes bem-sucedidos têm menos probabilidade de encontrar problemas ou precisar de suporte extensivo. Isso economiza tempo e recursos da equipe de suporte, permitindo que eles se concentrem em tarefas mais estratégicas.

7. Melhor Valor de Mercado: Empresas com uma reputação de sucesso do cliente tendem a ter uma vantagem competitiva no mercado. Os clientes estão dispostos a pagar mais por produtos ou serviços de empresas que podem demonstrar um histórico sólido de sucesso do cliente.

8. Crescimento Sustentável: O Sucesso do Cliente não é apenas sobre vendas imediatas, mas sobre construir relacionamentos de longo prazo e aumentar o valor ao longo do tempo. Isso contribui para um crescimento sustentável e estável.

9. Resiliência em Tempos de Crise: Empresas que investem no Sucesso do Cliente muitas vezes têm uma base de clientes mais sólida. Isso pode ajudar a empresa a enfrentar melhor crises econômicas, já que os clientes leais são menos propensos a abandonar seus produtos ou serviços durante períodos difíceis.

10. Compreensão do Mercado: Ao se envolver ativamente com os clientes e entender suas necessidades e desafios, as empresas ganham uma compreensão mais profunda do mercado em que atuam. Isso pode levar a oportunidades de inovação e expansão de negócios.

O Sucesso do Cliente é uma estratégia empresarial que vai além do atendimento ao cliente tradicional. Ele foca em ajudar os clientes a alcançar seus objetivos e cria um ciclo virtuoso de satisfação, fidelidade e crescimento de receita. Investir no Sucesso do Cliente é uma decisão sábia para qualquer empresa que busque prosperar a longo prazo no mercado competitivo de hoje.

- Benefícios de priorizar o Sucesso do Cliente

Priorizar o Sucesso do Cliente oferece uma série de benefícios tangíveis e intangíveis para tanto a empresa quanto os clientes. Vamos explorar esses benefícios em detalhes:

Benefícios para a Empresa:

1. Retenção de Clientes: Quando os clientes alcançam sucesso com seu produto ou serviço, eles têm menos probabilidade de cancelar ou

mudar para a concorrência. Isso reduz a rotatividade de clientes e mantém a receita constante.

2. Aumento de Receita: Clientes satisfeitos são mais propensos a comprar mais e a pagar por serviços premium. Isso aumenta a receita e o valor do tempo de vida do cliente.

3. Marketing de Boca a Boca: Clientes satisfeitos se tornam defensores da marca, compartilhando experiências positivas com amigos, familiares e colegas. Isso gera aquisição de clientes sem custos adicionais.

4. Feedback para Melhoria: O feedback contínuo dos clientes ajuda a empresa a identificar áreas de melhoria em produtos e serviços. Isso leva a aprimoramentos que podem atrair mais clientes.

5. Maior Eficiência Operacional: Clientes bem-sucedidos têm menos probabilidade de

encontrar problemas ou exigir suporte extensivo. Isso reduz os custos operacionais relacionados ao suporte ao cliente.

6. Vantagem Competitiva: Empresas com uma reputação sólida de Sucesso do Cliente têm uma vantagem competitiva. Elas atraem clientes dispostos a pagar mais por uma experiência superior.

7. Inovação Orientada pelo Cliente: O Sucesso do Cliente envolve ouvir ativamente os clientes. Isso pode levar a inovações que atendem às necessidades e desejos do mercado de maneira mais eficaz.

8. Crescimento Sustentável: O foco no Sucesso do Cliente contribui para um crescimento mais estável e sustentável, em oposição ao crescimento baseado apenas em aquisição de novos clientes.

9. Maior Resiliência: Clientes satisfeitos e leais são mais propensos a permanecer com a empresa durante crises econômicas, tornando-a mais resistente em tempos difíceis.

Benefícios para os Clientes:

1. Alcance de Objetivos: Os clientes alcançam seus objetivos mais facilmente quando usam produtos ou serviços que os apoiam ativamente em suas metas.

2. Satisfação: Clientes bem-sucedidos têm experiências mais positivas, o que leva a maior satisfação e lealdade à marca.

3. Economia de Tempo e Recursos: O Sucesso do Cliente pode ajudar os clientes a usar eficientemente o produto ou serviço, economizando tempo e recursos.

4. Menos Frustração: A assistência proativa e a resolução rápida de problemas reduzem a frustração do cliente.

5. Personalização: Os clientes se beneficiam de soluções e recomendações personalizadas que atendem às suas necessidades individuais.

6. Confiança: A construção de relacionamentos sólidos com a empresa cria confiança, o que é crucial para os clientes.

7. Maior Valor: Os clientes recebem mais valor pelo dinheiro gasto quando alcançam sucesso.

8. Desenvolvimento Profissional: Em contextos B2B, o Sucesso do Cliente pode ajudar profissionais a melhorar suas habilidades e alcançar metas de carreira.

9. Empoderamento: Clientes bem-sucedidos se sentem mais no controle de suas experiências e resultados.

Priorizar o Sucesso do Cliente não apenas beneficia a empresa em termos de receita e vantagem competitiva, mas também melhora significativamente a experiência e os resultados dos clientes. Isso cria um ciclo virtuoso de satisfação e fidelidade, que é crucial em um mercado cada vez mais competitivo.

- Como o Sucesso do Cliente difere do suporte tradicional?

Diferenças entre Sucesso do Cliente e Suporte Tradicional ao Cliente

O Sucesso do Cliente e o Suporte Tradicional ao Cliente são duas abordagens distintas para lidar com as necessidades e preocupações dos clientes. Aqui estão as principais diferenças entre essas duas estratégias:

1. Abordagem:

- Sucesso do Cliente: O Sucesso do Cliente é proativo. Ele visa garantir que os clientes atinjam seus objetivos ao usar o produto ou serviço. Isso envolve entender as metas do cliente e trabalhar ativamente para ajudá-los a alcançá-las. A ênfase está na prevenção de problemas e na criação de valor a longo prazo.

- Suporte Tradicional ao Cliente: O suporte tradicional é reativo. Ele entra em ação quando os clientes encontram problemas ou têm dúvidas. O foco principal é resolver problemas e responder a perguntas após o cliente já ter enfrentado uma dificuldade.

2. Metas:

- Sucesso do Cliente: A principal meta do Sucesso do Cliente é garantir que o cliente alcance sucesso e satisfação contínuos com o produto ou serviço. Isso pode envolver a adoção completa da solução, obtenção de valor máximo e alcance de metas específicas relacionadas ao produto.

- Suporte Tradicional ao Cliente: A meta principal do suporte tradicional é resolver problemas e fornecer respostas a perguntas específicas dos clientes. O objetivo é geralmente solucionar o problema imediato, independentemente de como isso afeta o sucesso a longo prazo do cliente.

3. Resultados:

- Sucesso do Cliente: Os resultados do Sucesso do Cliente estão relacionados a clientes satisfeitos, leais e bem-sucedidos. Isso se traduz em maior retenção de clientes, aumento de receita devido a vendas adicionais ou atualizações, boca a boca positivo e uma reputação sólida no mercado.

- Suporte Tradicional ao Cliente: Os resultados do suporte tradicional são principalmente a resolução de problemas pontuais. Isso pode resultar em clientes momentaneamente satisfeitos, mas não necessariamente em clientes mais bem-sucedidos ou leais.

4. Foco no Cliente:

- Sucesso do Cliente: O Sucesso do Cliente coloca o cliente no centro de todas as ações. Ele se preocupa com o sucesso do cliente a longo prazo e busca compreender as metas e desafios do cliente em profundidade.

- Suporte Tradicional ao Cliente: O suporte tradicional muitas vezes se concentra mais em processos internos e na resolução rápida de problemas. Pode não levar em consideração a jornada completa do cliente ou suas aspirações futuras.

5. Proatividade:

- Sucesso do Cliente: O Sucesso do Cliente é proativo na identificação de desafios potenciais e na mitigação de problemas antes que eles afetem negativamente o cliente. Isso envolve treinamento, educação, comunicação contínua e personalização.

- Suporte Tradicional ao Cliente: O suporte tradicional reage quando o cliente entra em contato com um problema. Ele lida com o que está imediatamente à frente, sem necessariamente antecipar ou prevenir problemas futuros.

O Sucesso do Cliente é uma abordagem mais ampla e estratégica que visa não apenas resolver problemas, mas também garantir que os clientes alcancem sucesso contínuo e satisfação com o produto ou serviço. O suporte tradicional é mais limitado em seu escopo e é tipicamente uma resposta a problemas imediatos. Ambas as abordagens têm seu lugar, mas o Sucesso do Cliente se tornou cada vez mais crucial para criar relacionamentos duradouros e aumentar a retenção de clientes em um mercado competitivo.

- Elementos essenciais de um programa de Sucesso do Cliente.

Elementos Essenciais de um Programa de Sucesso do Cliente Eficaz

Um programa de Sucesso do Cliente eficaz envolve uma série de elementos interligados que garantem que os clientes alcancem seus objetivos enquanto a empresa mantém e expande relacionamentos lucrativos. Aqui estão os principais elementos-chave:

1. Estratégia Clara e Alinhada:
   - Explicação: Uma estratégia de Sucesso do Cliente deve ser clara, alinhada com os

objetivos da empresa e comunicada a todas as equipes. Isso assegura que todos compreendam o papel do Sucesso do Cliente na organização.

- Métricas Associadas: Medir o alinhamento da estratégia com os objetivos da empresa.

2. Segmentação de Clientes:

- Explicação: Os clientes têm necessidades diferentes. Segmentar os clientes com base em seu perfil, comportamento e necessidades permite uma abordagem mais personalizada e eficaz.

- Métricas Associadas: Taxas de satisfação, retenção e crescimento por segmento.

3. Definição de Metas Claras:

- Explicação: Estabeleça metas específicas e mensuráveis que os clientes devem alcançar para serem considerados bem-sucedidos. Isso orienta as ações da equipe de Sucesso do Cliente.

- Métricas Associadas: Taxas de sucesso do cliente em relação às metas definidas.

4. Mapeamento da Jornada do Cliente:
    - Explicação: Compreenda a jornada completa do cliente, desde a aquisição até a renovação ou expansão. Identifique os pontos de contato críticos e as oportunidades de interação.
    - Métricas Associadas: Tempo médio para alcançar sucesso, eficácia das interações em pontos críticos.

5. Onboarding Eficiente:
   - Explicação: Um onboarding bem-sucedido é crucial. Ajude os clientes a configurar e começar a usar o produto ou serviço com eficiência desde o início.
   - Métricas Associadas: Taxas de conclusão do onboarding, tempo para a primeira utilização bem-sucedida.

6. Comunicação Proativa:

- Explicação: Mantenha um diálogo constante com os clientes. Isso inclui check-ins regulares, atualizações de produto e compartilhamento de melhores práticas.

- Métricas Associadas: Taxa de resposta às comunicações, engajamento do cliente.

7. Educação do Cliente:

- Explicação: Forneça recursos educacionais, como tutoriais, webinars e documentação, para ajudar os clientes a aproveitar ao máximo o produto ou serviço.

- Métricas Associadas: Taxa de utilização de recursos educacionais, feedback sobre a eficácia desses recursos.

8. Coleta de Feedback e Análise de Dados:

- Explicação: Ouça ativamente o feedback dos clientes e analise dados para identificar tendências e problemas emergentes. Use essas informações para melhorar continuamente.

- Métricas Associadas: NPS (Net Promoter Score), CSAT (Customer Satisfaction Score), taxas de retenção após resolução de problemas.

9. Antecipação e Resolução de Problemas:
- Explicação: Esteja atento a problemas potenciais e resolva-os antes que afetem a experiência do cliente. Isso envolve monitoramento proativo e intervenção.
- Métricas Associadas: Taxas de resolução de problemas no primeiro contato, taxa de problemas evitados.

10. Personalização:
- Explicação: Ofereça soluções e recomendações personalizadas com base nas necessidades e comportamentos do cliente. Isso aumenta a relevância e o valor percebido.
- Métricas Associadas: Taxa de adoção de recomendações personalizadas, impacto na retenção.

11. Medição de Resultados Financeiros:

- Explicação: Avalie o impacto do Sucesso do Cliente nas métricas financeiras da empresa, como receita recorrente, margem de lucro e valor do ciclo de vida do cliente.

- Métricas Associadas: Aumento de receita devido ao Sucesso do Cliente, ROI do programa de Sucesso do Cliente.

12. Desenvolvimento de Defensores da Marca:

- Explicação: Transforme clientes satisfeitos em defensores da marca. Incentive-os a compartilhar experiências positivas e referenciar novos clientes.

- Métricas Associadas: Número de referências de clientes, impacto nas taxas de aquisição de clientes.

13. Cultura de Foco no Cliente:

- Explicação: Promova uma cultura organizacional centrada no cliente, onde todos os funcionários reconheçam a importância do Sucesso do Cliente.

- Métricas Associadas: Pesquisas de cultura organizacional, envolvimento dos funcionários em atividades de Sucesso do Cliente.

14. Iteração Contínua e Melhoria:

- Explicação: O Sucesso do Cliente é um esforço contínuo. Aprenda com o feedback e os resultados para ajustar e melhorar constantemente o programa.

- Métricas Associadas: Taxa de iteração e melhoria em resposta ao feedback do cliente.

15. Integração com Outras Equipes:

- Explicação: Colabore com outras equipes, como vendas, marketing, desenvolvimento de produtos e suporte, para garantir uma experiência perfeita do cliente.

- Métricas Associadas: Efetividade da colaboração interfuncional.

Ter um programa de Sucesso do Cliente que incorpore esses elementos essenciais não apenas garante que os clientes alcancem sucesso, mas também contribui para o crescimento e a lucratividade da empresa a longo prazo. É uma abordagem estratégica que vai além do suporte tradicional ao cliente e cria relacionamentos sólidos e duradouros com os clientes.

Capítulo 2: Construindo a Base do Sucesso do Cliente

- Compreendendo a jornada do cliente

Compreendendo a Jornada do Cliente e sua Relação com o Sucesso do Cliente

A jornada do cliente é uma representação do caminho que um cliente percorre desde o primeiro contato com uma empresa até a sua interação contínua ao longo do tempo. Ela é uma estrutura que ajuda as empresas a compreenderem as experiências e as necessidades dos clientes em cada estágio dessa jornada. A relação entre a jornada do cliente e o Sucesso do Cliente é profunda, pois o Sucesso do Cliente busca garantir que cada etapa da jornada seja satisfatória e conduza ao êxito.

Aqui estão as etapas típicas da jornada do cliente e como elas se relacionam com o Sucesso do Cliente:

1. Conscientização (Awareness):

- Descrição: Nesta fase, os clientes se tornam conscientes da empresa e de seus produtos ou serviços, muitas vezes através de marketing e publicidade.

- Relação com o Sucesso do Cliente: O Sucesso do Cliente começa aqui, pois é importante garantir que as expectativas do cliente sejam realistas desde o início. Uma comunicação clara sobre o que a empresa oferece e como ela pode ajudar o cliente é fundamental.

2. Consideração (Consideration):

- Descrição: Os clientes nesta fase estão avaliando suas opções e comparando diferentes empresas e soluções para atender às suas necessidades.

- Relação com o Sucesso do Cliente: O Sucesso do Cliente entra em jogo ao fornecer informações detalhadas e recursos educacionais para ajudar os clientes a tomar decisões informadas. Isso inclui demonstrações, avaliações gratuitas e material informativo.

3. Compra (Purchase):
   - Descrição: Os clientes tomam a decisão de comprar o produto ou serviço da empresa.
   - Relação com o Sucesso do Cliente: A transição da consideração para a compra deve ser suave. O Sucesso do Cliente pode ajudar na integração inicial do cliente, facilitando o processo de pagamento e garantindo que os clientes se sintam valorizados desde o início.

4. Onboarding (Onboarding):
   - Descrição: Nesta fase, os clientes começam a usar efetivamente o produto ou serviço. Isso pode envolver configuração, treinamento inicial e familiarização com as funcionalidades.

- Relação com o Sucesso do Cliente: O Sucesso do Cliente é crítico aqui. A equipe de Sucesso do Cliente deve garantir que os clientes estejam começando com o pé direito, resolvendo quaisquer problemas iniciais e guiando-os para uma experiência de uso bem-sucedida.

5. Uso Contínuo (Ongoing Usage):

- Descrição: Os clientes agora estão usando regularmente o produto ou serviço para atender às suas necessidades.

- Relação com o Sucesso do Cliente: O Sucesso do Cliente trabalha para manter os clientes engajados, fornecendo recursos úteis, dicas e melhores práticas para maximizar o valor do produto ou serviço.

6. Expansão (Expansion):

- Descrição: Alguns clientes podem querer expandir seu uso, adquirir mais recursos ou atualizar para planos mais avançados.

- Relação com o Sucesso do Cliente: O Sucesso do Cliente ajuda a identificar oportunidades de expansão, oferecendo informações sobre recursos adicionais ou planos que podem beneficiar o cliente.

7. Renovação (Renewal):

- Descrição: Esta fase envolve a decisão do cliente de renovar o contrato ou continuar usando o produto ou serviço.

- Relação com o Sucesso do Cliente: O Sucesso do Cliente desempenha um papel crucial aqui, mantendo o valor e a satisfação do cliente ao longo do tempo, para que a renovação seja uma escolha óbvia.

8. Defesa (Advocacy):

- Descrição: Os clientes satisfeitos se tornam defensores da marca, compartilhando suas experiências positivas com outras pessoas.

- Relação com o Sucesso do Cliente: O Sucesso do Cliente cultiva defensores, fornecendo um serviço excepcional e incentivando a participação em programas de referência ou avaliações.

A jornada do cliente é contínua, e o Sucesso do Cliente está envolvido em cada fase para garantir que os clientes alcancem seus objetivos, estejam satisfeitos e continuem a escolher a empresa como sua solução preferida. Ao entender e mapear essa jornada, as empresas podem otimizar suas estratégias de Sucesso do Cliente para garantir relacionamentos duradouros e resultados positivos tanto para os clientes quanto para a empresa.

- Identificando pontos de contato críticos

Identificando Pontos de Contato Críticos na Jornada do Cliente

Os pontos de contato críticos na jornada do cliente são momentos-chave em que os clientes interagem com a empresa. Identificar e otimizar esses pontos de contato é fundamental para criar uma base sólida para o Sucesso do Cliente, pois eles podem influenciar significativamente a percepção do cliente e a probabilidade de sucesso. Aqui estão alguns desses pontos de contato e por que eles são tão importantes:

1. Primeiro Contato e Aquisição:

- Importância: Este é o ponto de partida da jornada do cliente. A primeira impressão é fundamental para determinar se um cliente em potencial se tornará um cliente real.

- Otimização: Garanta que o processo de aquisição seja simples, informativo e envolvente. Forneça informações claras sobre o valor do produto ou serviço e como ele atende às necessidades do cliente.

2. Onboarding e Integração Inicial:

- Importância: Os primeiros dias e semanas de uso são críticos para definir o tom da experiência do cliente.

- Otimização: Facilite a integração do cliente, oferecendo assistência na configuração, treinamento e acesso a recursos de suporte. Certifique-se de que o cliente possa começar a usar o produto ou serviço com sucesso rapidamente.

3. Suporte e Resolução de Problemas:

- Importância: Quando os clientes encontram problemas, como falhas ou dificuldades de uso, a forma como a empresa responde pode afetar profundamente a satisfação do cliente.

- Otimização: Forneça um suporte eficiente e eficaz. Resolva problemas prontamente e com empatia, buscando soluções satisfatórias para o cliente.

4. Atualizações e Melhorias do Produto:

- Importância: À medida que o produto ou serviço evolui, é essencial informar os clientes sobre as atualizações e melhorias.

- Otimização: Comunique as mudanças de forma clara, destacando os benefícios para o cliente. Ofereça suporte adicional para ajudar os clientes a aproveitar ao máximo as novas funcionalidades.

5. Feedback e Avaliação da Experiência:

- Importância: Coletar feedback dos clientes ajuda a empresa a entender suas necessidades e aperfeiçoar a experiência do cliente.

- Otimização: Facilite a coleta de feedback por meio de pesquisas, avaliações ou caixas de sugestões. Mostre que você valoriza as opiniões dos clientes e tome medidas com base nelas.

6. Renovação e Expansão:

- Importância: Quando se aproxima a renovação de contrato ou a possibilidade de expansão, os clientes avaliam se o relacionamento ainda é valioso.

- Otimização: Mantenha o cliente engajado e demonstre o valor contínuo do produto ou serviço. Identifique oportunidades de upsell ou cross-sell que beneficiem o cliente.

7. Programas de Fidelidade e Advocacia:

- Importância: Clientes leais podem se tornar defensores da marca, promovendo a empresa e atraindo novos clientes.

- Otimização: Incentive a participação em programas de fidelidade, recompensando os clientes por suas ações de advocacy. Crie uma comunidade de clientes onde eles possam compartilhar suas experiências.

8. Comunicações Proativas:

- Importância: Manter um diálogo contínuo com os clientes é crucial para mantê-los envolvidos e informados.

- Otimização: Mantenha uma comunicação consistente e relevante. Personalize as mensagens para atender às necessidades específicas do cliente.

9. Renovação Automática e Churn Prevention:

- Importância: Evitar a perda de clientes é tão importante quanto conquistar novos.

- Otimização: Facilite a renovação automática sempre que possível e implemente estratégias para identificar clientes em risco de churn e tomar medidas proativas para retê-los.

A otimização desses pontos de contato críticos é fundamental para criar uma base sólida para o Sucesso do Cliente. Cada interação influencia a percepção do cliente, sua satisfação e sua probabilidade de alcançar sucesso contínuo com a empresa. Portanto, as empresas devem estar atentas a esses momentos e investir recursos para garantir que eles sejam gerenciados de maneira eficaz e satisfatória para o cliente.

- Definindo metas claras para o Sucesso do Cliente

Definindo Metas Claras para o Sucesso do Cliente: Orientando a Estratégia e Melhorando Resultados

Estabelecer metas específicas relacionadas ao Sucesso do Cliente é fundamental para a eficácia da estratégia e para melhorar os resultados. Essas metas fornecem uma direção clara para a equipe de Sucesso do Cliente, orientando suas atividades e esforços. Aqui estão algumas razões pelas quais a definição de metas claras é essencial:

1. Foco e Priorização:

- Explicação: Metas claras ajudam a equipe de Sucesso do Cliente a identificar as prioridades. Eles sabem exatamente o que deve ser alcançado e podem direcionar recursos e tempo para atender a essas metas.

- Benefícios: Isso evita que a equipe se disperse em tarefas menos importantes e mantém o foco no que realmente importa para o sucesso do cliente.

2. Alinhamento com Objetivos da Empresa:

- Explicação: As metas de Sucesso do Cliente devem estar alinhadas com os objetivos gerais da empresa. Isso assegura que a estratégia de Sucesso do Cliente contribua diretamente para o crescimento e os resultados da organização.

- Benefícios: Quando as metas de Sucesso do Cliente estão alinhadas, a equipe se torna um parceiro estratégico para a empresa, trabalhando em harmonia para alcançar metas comuns.

3. Medição de Progresso e Sucesso:

- Explicação: Metas claras fornecem critérios mensuráveis para avaliar o progresso e o sucesso do programa de Sucesso do Cliente.

- Benefícios: Isso permite que a equipe monitore seu desempenho ao longo do tempo e identifique áreas que precisam de melhoria. Também ajuda a celebrar conquistas quando as metas são alcançadas.

4. Motivação e Engajamento da Equipe:

- Explicação: Metas desafiadoras e claras podem motivar a equipe de Sucesso do Cliente, fornecendo um senso de propósito e realização.

- Benefícios: Uma equipe motivada tende a ser mais produtiva e comprometida em oferecer um excelente serviço aos clientes, o que, por sua vez, melhora a satisfação do cliente.

5. Comunicação Efetiva:

- Explicação: Metas claras podem ser facilmente comunicadas a todos os membros da equipe de Sucesso do Cliente, garantindo que todos tenham uma compreensão compartilhada dos objetivos.

- Benefícios: Isso promove uma comunicação mais eficaz, colaboração e alinhamento dentro da equipe.

6. Adaptação Estratégica:

- Explicação: As metas não são estáticas; elas podem ser ajustadas à medida que a empresa evolui ou as circunstâncias mudam.

- Benefícios: A capacidade de adaptar metas permite que a estratégia de Sucesso do Cliente permaneça relevante e eficaz em um ambiente de negócios dinâmico.

7. Avaliação de ROI:

- Explicação: Metas claras facilitam a avaliação do retorno sobre o investimento (ROI) em Sucesso do Cliente. Isso ajuda a justificar os recursos investidos na área.

- Benefícios: A capacidade de demonstrar o valor do Sucesso do Cliente para a empresa é essencial para a manutenção do suporte e recursos necessários.

Estabelecer metas claras relacionadas ao Sucesso do Cliente é uma prática essencial para orientar a estratégia e melhorar os resultados. Essas metas fornecem um roteiro, medem o progresso e garantem que a equipe de Sucesso do Cliente esteja alinhada com os objetivos da empresa. Quando definidas e gerenciadas adequadamente, essas metas impulsionam a excelência no atendimento ao cliente e contribuem para o sucesso a longo prazo tanto da equipe de Sucesso do Cliente quanto da empresa como um todo.

- Como medir o Sucesso do Cliente?

Medindo o Sucesso do Cliente: Métricas Quantitativas e Qualitativas

Medir o Sucesso do Cliente é crucial para avaliar o desempenho do programa de Sucesso do Cliente e garantir que os clientes alcancem seus objetivos. É importante usar uma combinação de métricas quantitativas e qualitativas para obter uma imagem completa. A escolha das métricas adequadas depende dos objetivos específicos de sua empresa, mas aqui estão algumas métricas comuns e suas importâncias:

Métricas Quantitativas:

1. Taxa de Retenção de Clientes (Customer Retention Rate):

- Descrição: Mede a porcentagem de clientes que permaneceram com a empresa durante um período específico.

- Importância: Uma alta taxa de retenção indica que os clientes estão satisfeitos e continuam a encontrar valor no produto ou serviço.

2. Taxa de Churn (Churn Rate):

- Descrição: Representa a porcentagem de clientes que cancelaram ou deixaram de usar o produto ou serviço durante um período específico.

- Importância: Uma baixa taxa de churn é um indicador de que os clientes estão encontrando sucesso contínuo.

3. Lifetime Value (LTV):

- Descrição: Calcula o valor médio que um cliente gera durante todo o seu relacionamento com a empresa.

- Importância: Um LTV crescente indica que os clientes estão satisfeitos e permanecem leais por mais tempo, aumentando o valor total do cliente.

4. Net Promoter Score (NPS):

- Descrição: Mede a disposição dos clientes em recomendar a empresa a outras pessoas.

- Importância: O NPS é um indicador da satisfação do cliente e do potencial de advocacy, o que é crucial para o crescimento por meio de referências.

5. Customer Satisfaction Score (CSAT):

- Descrição: Os clientes classificam sua satisfação com a empresa em uma escala específica.

- Importância: O CSAT fornece uma visão imediata da satisfação do cliente após interações específicas, como suporte ao cliente.

Métricas Qualitativas:

1. Entrevistas e Pesquisas de Clientes:

- Descrição: Entrevistas em profundidade e pesquisas qualitativas permitem que os clientes expressem suas opiniões e desafios de forma mais detalhada.

- Importância: Essas informações ricas podem revelar insights profundos sobre a experiência do cliente e áreas de melhoria.

2. Feedback e Avaliações de Produtos:

- Descrição: A análise do feedback dos clientes sobre produtos ou serviços pode ajudar a identificar problemas e oportunidades de melhoria.

- Importância: Essas avaliações podem orientar o desenvolvimento de produtos e melhorar a qualidade geral.

3. Tempo para Alcançar Sucesso:

- Descrição: Mede o tempo que os clientes levam para alcançar sucesso após a aquisição.

- Importância: Isso ajuda a avaliar a eficácia do onboarding e a identificar obstáculos que podem atrasar o sucesso do cliente.

4. Taxas de Participação em Programas de Sucesso do Cliente:

- Descrição: Avalia o envolvimento dos clientes em programas de Sucesso do Cliente, como treinamentos e webinars.

- Importância: Uma alta taxa de participação indica que os clientes estão interessados em aproveitar ao máximo o suporte oferecido.

É importante adaptar as métricas escolhidas aos objetivos específicos de seu programa de Sucesso do Cliente. Por exemplo, se o objetivo principal for a retenção de clientes, métricas como Taxa de Retenção de Clientes e Churn Rate serão essenciais. Se o foco for advocacy e referências, NPS e participação em programas de referência podem ser mais relevantes. A combinação de métricas quantitativas e qualitativas oferece uma visão mais completa e permite tomar decisões informadas para melhorar continuamente o Sucesso do Cliente.

- Definindo indicadores-chave de desempenho (KPIs).

Indicadores-Chave de Desempenho (KPIs) no Contexto do Sucesso do Cliente

Os Indicadores-Chave de Desempenho (KPIs) são métricas específicas usadas para avaliar o progresso em direção a metas e objetivos definidos. No contexto do Sucesso do Cliente, os KPIs são cruciais para medir a eficácia do programa e sua contribuição para o crescimento e a satisfação dos clientes. Eles ajudam a equipe de Sucesso do Cliente a acompanhar o desempenho, identificar áreas de melhoria e tomar decisões informadas. Aqui estão alguns exemplos de KPIs relevantes para o Sucesso do Cliente:

1. Taxa de Retenção de Clientes (Customer Retention Rate):

- Descrição: Mede a porcentagem de clientes que permaneceram com a empresa durante um período específico.

- Uso: Um alto Customer Retention Rate é um indicador de que os clientes estão satisfeitos e continuam a encontrar valor no produto ou serviço.

2. Taxa de Churn (Churn Rate):

- Descrição: Representa a porcentagem de clientes que cancelaram ou deixaram de usar o produto ou serviço durante um período específico.

- Uso: Uma baixa taxa de churn é um indicador de que os clientes estão encontrando sucesso contínuo.

3. Net Promoter Score (NPS):

- Descrição: Mede a disposição dos clientes em recomendar a empresa a outras pessoas.

- Uso: O NPS é um indicador da satisfação do cliente e do potencial de advocacy, fundamental para o crescimento por meio de referências.

4. Customer Satisfaction Score (CSAT):

- Descrição: Os clientes classificam sua satisfação com a empresa em uma escala específica.

- Uso: O CSAT fornece uma visão imediata da satisfação do cliente após interações específicas, como suporte ao cliente.

5. Lifetime Value (LTV):

- Descrição: Calcula o valor médio que um cliente gera durante todo o seu relacionamento com a empresa.

- Uso: Um LTV crescente indica que os clientes estão satisfeitos e permanecem leais por mais tempo, aumentando o valor total do cliente.

6. Tempo para Alcançar Sucesso (Time to Value - TTV):

- Descrição: Mede o tempo que os clientes levam para alcançar sucesso após a aquisição.

- Uso: Isso ajuda a avaliar a eficácia do onboarding e a identificar obstáculos que podem atrasar o sucesso do cliente.

7. Participação em Programas de Sucesso do Cliente:

- Descrição: Avalia o envolvimento dos clientes em programas de Sucesso do Cliente, como treinamentos e webinars.

- Uso: Uma alta taxa de participação indica que os clientes estão interessados em aproveitar ao máximo o suporte oferecido.

8. Taxa de Renovação de Contratos (Contract Renewal Rate):

- Descrição: Mede a porcentagem de clientes que renovam seus contratos ou assinaturas.

- Uso: Uma alta taxa de renovação indica que os clientes veem valor contínuo no relacionamento com a empresa.

9. Taxa de Expansão (Expansion Rate):

- Descrição: Avalia a porcentagem de clientes que expandem seu uso do produto ou serviço.

- Uso: Um aumento na taxa de expansão indica que os clientes estão encontrando oportunidades adicionais de valor.

10. Tempo Médio de Resolução de Problemas (Average Time to Resolution - TTR):

- Descrição: Mede o tempo que leva para a equipe de Sucesso do Cliente resolver os problemas relatados pelos clientes.

- Uso: Um TTR curto demonstra um suporte eficiente e eficaz.

A escolha dos KPIs depende dos objetivos estratégicos da empresa e do programa de Sucesso do Cliente. É essencial que esses indicadores sejam relevantes, mensuráveis e alinhados com a missão de garantir que os clientes alcancem sucesso contínuo. O monitoramento regular dos KPIs e a adaptação das estratégias com base nos resultados são práticas fundamentais para aprimorar constantemente o Sucesso do

Cliente e impulsionar o crescimento do negócio.

Capítulo 3: Estratégias de Engajamento Proativo

A Importância do Onboarding Eficaz para o Sucesso do Cliente

O processo de onboarding, também conhecido como integração, desempenha um papel crítico no Sucesso do Cliente, pois é a primeira etapa fundamental para estabelecer as bases de uma parceria sólida entre a empresa e o cliente. Aqui estão algumas razões pelas quais um onboarding bem executado é crucial:

1. Primeira Impressão Duradoura:

- O onboarding é a primeira experiência prática do cliente com o produto ou serviço. Uma integração suave e bem orientada cria uma primeira impressão positiva que perdura na mente do cliente.

2. Alinhamento de Expectativas:

- O onboarding permite que a empresa alinhe as expectativas do cliente com a realidade do produto ou serviço. Isso ajuda a evitar mal-entendidos e decepções posteriores.

3. Redução de Barreiras Iniciais:

- Muitos produtos ou serviços têm uma curva de aprendizado. Um onboarding eficaz ajuda os clientes a superar as barreiras iniciais, permitindo que eles comecem a usar o produto com confiança desde o início.

4. Engajamento Precoce:

- Um onboarding bem executado mantém os clientes envolvidos desde o início. Isso é crucial para manter o interesse e garantir que eles aproveitem ao máximo o produto ou serviço.

5. Aceleração do Tempo para o Valor (Time to Value - TTV):

- Muitos clientes avaliam o valor de um produto ou serviço com base em quanto tempo leva para alcançar benefícios tangíveis. Um onboarding eficaz acelera o TTV, aumentando a probabilidade de sucesso do cliente.

6. Resolução de Problemas Iniciais:

- Durante o onboarding, os clientes podem encontrar problemas iniciais. Uma equipe de Sucesso do Cliente bem treinada pode resolver esses problemas rapidamente, evitando frustrações e desistências precoces.

7. Estabelecimento de Relacionamento:

- O onboarding é o início do relacionamento entre a empresa e o cliente. Uma experiência positiva cria um senso de confiança e conecta os clientes emocionalmente à marca.

8. Coleta de Feedback Inicial:

- Durante o onboarding, é possível coletar feedback valioso dos clientes sobre sua experiência inicial. Esse feedback pode ser usado para melhorar processos e recursos futuros.

9. Direcionamento para Recursos Relevantes:

- O onboarding eficaz orienta os clientes para os recursos, suporte e treinamento necessários para que eles tenham sucesso. Isso garante que eles saibam onde encontrar ajuda quando necessário.

10. Prevenção de Churn Inicial:

- Muitos clientes que saem logo após a aquisição fazem isso devido a problemas iniciais não resolvidos. Um onboarding eficaz ajuda a prevenir o churn inicial.

11. Maior Potencial de Upsell e Cross-Sell:

- Se os clientes percebem rapidamente o valor do produto ou serviço, eles são mais propensos a considerar upsells ou cross-sells que podem beneficiá-los ainda mais.

Um onboarding eficaz é a base do Sucesso do Cliente, pois cria uma experiência inicial positiva, acelera o tempo para o valor, estabelece relacionamentos confiáveis e evita problemas iniciais. Investir tempo e recursos na otimização do processo de onboarding é uma estratégia inteligente para empresas que desejam cultivar clientes satisfeitos e leais a longo prazo.

- Estratégias de comunicação pró-ativa

Estratégias de Comunicação Pró-ativa para o Sucesso do Cliente

Manter um envolvimento proativo com os clientes é fundamental para o Sucesso do Cliente. Isso demonstra que a empresa está comprometida em atender às necessidades dos clientes, mesmo antes que eles levantem preocupações. Aqui estão algumas estratégias eficazes de comunicação pró-ativa:

1. Educação Contínua:

- Forneça recursos educacionais, como webinars, tutoriais em vídeo e artigos informativos, para ajudar os clientes a entenderem e tirarem o máximo proveito do seu produto ou serviço.

2. Comunicados de Produto/Serviço:

- Mantenha os clientes informados sobre atualizações, melhorias e novos recursos. Isso pode ser feito por meio de newsletters, emails ou mensagens no aplicativo.

3. Feedback Solicitado:

- Peça feedback regularmente sobre a experiência do cliente. Isso pode ser feito por meio de pesquisas de satisfação, avaliações pós-interação ou convites para grupos de foco.

4. Alertas e Notificações Úteis:

- Envie alertas proativos sobre datas importantes (por exemplo, renovações de contrato) ou informações relevantes que afetem o cliente. Por exemplo, um aplicativo de gerenciamento financeiro pode enviar um alerta sobre uma conta bancária com saldo baixo.

5. Sessões de Acompanhamento Programadas:

- Agende sessões de acompanhamento regulares com clientes-chave para discutir seu progresso, desafios e oportunidades de expansão.

6. Personalização da Comunicação:

- Personalize mensagens e recomendações com base no comportamento e nas preferências do cliente. Por exemplo, ofereça sugestões de produtos com base no histórico de compras.

7. Redes Sociais e Comunidades Online:

- Mantenha uma presença ativa nas redes sociais e crie comunidades online onde os clientes possam interagir, fazer perguntas e compartilhar experiências.

8. Acompanhamento pós-Suporte:

- Após um tíquete de suporte ser resolvido, faça um acompanhamento para garantir que o cliente esteja satisfeito com a solução e para verificar se há necessidade de mais assistência.

9. Programas de Treinamento e Certificação:

- Ofereça programas de treinamento e certificação para clientes que desejam aprofundar seu conhecimento e habilidades em relação ao produto ou serviço.

10. Gestão de Sucesso do Cliente (CSM):

- Atribua Gerentes de Sucesso do Cliente dedicados a clientes estratégicos para fornecer suporte personalizado, resolver problemas e identificar oportunidades de crescimento.

11. Atualizações de Segurança e Privacidade:

- Mantenha os clientes informados sobre medidas de segurança e privacidade que afetam seu uso do produto ou serviço, especialmente em setores regulamentados, como saúde ou finanças.

12. Programas de Recompensa e Reconhecimento:

- Reconheça e recompense os clientes que são defensores da marca ou que atingiram marcos significativos, como anos de parceria.

13. Feedback Implementado:

- Demonstre que você valoriza o feedback dos clientes implementando melhorias com base em suas sugestões. Comunique essas atualizações aos clientes.

14. Avisos de Inatividade:

- Envie avisos proativos a clientes que não estão usando ativamente o produto ou serviço, oferecendo sugestões para reengajamento.

Exemplo: Uma empresa de software de gerenciamento de projetos pode adotar a estratégia de envio de alertas automáticos quando uma data de entrega se aproxima. Isso ajuda os clientes a manter seus projetos no caminho certo e evita surpresas desagradáveis.

A comunicação pró-ativa demonstra cuidado, compromisso e valorização do cliente, fortalecendo os relacionamentos e aumentando a probabilidade de sucesso do cliente a longo prazo. Essas estratégias não apenas melhoram a satisfação do cliente, mas também podem resultar em maior fidelidade e em defensores da marca dedicados.

Coleta Contínua de Feedback do Cliente: Entendendo Necessidades em Evolução

A coleta contínua de feedback dos clientes é uma prática fundamental para qualquer empresa que deseje entender as necessidades em constante evolução de seus clientes e aprimorar continuamente seus serviços e produtos. Aqui estão algumas razões pelas quais essa prática é tão importante:

1. Mantém a Relevância do Produto/Serviço:
- As necessidades dos clientes estão sempre mudando à medida que o mercado evolui. Coletar feedback contínuo permite que a empresa acompanhe essas mudanças e ajuste seu produto ou serviço para permanecer relevante.

2. Identifica Problemas Rapidamente:
- Os clientes frequentemente encontram problemas ou dificuldades que podem

prejudicar sua experiência. A coleta de feedback contínuo ajuda a identificar esses problemas rapidamente, permitindo que a empresa tome medidas corretivas.

3. Orienta o Desenvolvimento de Produtos/Serviços:

- O feedback dos clientes fornece insights valiosos para o desenvolvimento de produtos e serviços. Pode ajudar a priorizar recursos, determinar quais recursos são mais importantes e guiar melhorias.

4. Personalização e Segmentação:

- Compreender as preferências individuais dos clientes permite que a empresa personalize ofertas e serviços, tornando a experiência do cliente mais significativa e satisfatória.

5. Fortalece o Relacionamento com o Cliente:

- A coleta de feedback demonstra que a empresa valoriza a opinião de seus clientes, fortalecendo o relacionamento e a lealdade.

6. Oportunidades de Inovação:

- O feedback contínuo pode revelar oportunidades de inovação que a empresa pode não ter considerado. Isso pode abrir novos caminhos de crescimento e diferenciação no mercado.

7. Antecipa as Necessidades dos Clientes:

- Às vezes, os clientes não sabem o que precisam até que seja oferecido a eles. A coleta de feedback contínuo pode ajudar a antecipar essas necessidades e inovar de acordo.

8. Aprimora a Experiência do Cliente:

- Ao entender as expectativas e desejos dos clientes, a empresa pode aprimorar a experiência do cliente em todos os pontos de contato, do atendimento ao produto.

9. Aumenta a Retenção de Clientes:

- Quando os clientes veem que suas opiniões são valorizadas e que a empresa age com base em seu feedback, eles são mais propensos a permanecer leais à marca.

10. Suporte a Tomada de Decisões:

- Os dados de feedback podem ser usados para orientar decisões de negócios, desde estratégias de marketing até ajustes de preços.

Exemplo Prático:

Imagine uma empresa de aplicativos de streaming de música que coleta feedback contínuo de seus usuários. Por meio dessa coleta, eles identificam que muitos usuários desejam uma função de recomendação de música mais precisa. A empresa utiliza esse feedback para aprimorar seus algoritmos de recomendação, resultando em uma experiência mais personalizada e atraente para os usuários. Como resultado, a empresa vê um aumento na retenção de clientes e no tempo gasto no aplicativo.

A coleta contínua de feedback do cliente é essencial para a adaptação às necessidades em constante evolução do mercado, aprimorando produtos e serviços e construindo relacionamentos sólidos com os clientes. É uma prática que não apenas ajuda a empresa a se manter competitiva, mas também a prosperar a longo prazo.

- Antecipando e solucionando problemas

Antecipando e Solucionando Problemas: Evitando Obstáculos para a Satisfação do Cliente

Identificar e resolver problemas antes que eles afetem a satisfação do cliente é uma parte crucial do Sucesso do Cliente. A abordagem proativa nesse sentido é fundamental para manter relacionamentos saudáveis e duradouros. Aqui estão várias razões pelas quais essa abordagem é essencial:

1. Prevenção de Churn:

- Resolver problemas antes que os clientes fiquem insatisfeitos reduz o risco de churn (cancelamento). Um cliente que recebe assistência rápida para um problema é mais propenso a permanecer leal à empresa.

2. Melhora a Experiência do Cliente:

- A resolução proativa de problemas melhora a experiência do cliente, demonstrando que a empresa está atenta às suas necessidades e comprometida em oferecer um serviço de alta qualidade.

3. Constrói Confiança:

- Quando os clientes veem que a empresa identifica e resolve problemas sem que eles precisem reclamar, isso constrói confiança. Eles se sentem valorizados e ouvidos.

4. Reduz Custos de Suporte:

- A prevenção de problemas reduz a carga sobre a equipe de suporte, que pode se concentrar em questões mais complexas e estratégicas.

5. Mantém a Reputação da Marca:

- A resolução proativa de problemas ajuda a evitar comentários negativos nas redes sociais e avaliações online, o que pode prejudicar a reputação da marca.

6. Aumenta a Lealdade do Cliente:

- Clientes que experimentam um alto nível de atendimento ao cliente tendem a ser mais leais e podem se tornar defensores da marca.

Estratégias para Antecipar e Solucionar Problemas:

1. Monitoramento Contínuo:

- Utilize ferramentas de monitoramento para acompanhar o desempenho do produto ou serviço em tempo real. Isso permite detectar problemas imediatamente.

2. Feedback do Cliente:

- Colete feedback dos clientes regularmente e ativamente. Esteja disposto a ouvir críticas e sugestões e a agir com base nelas.

3. Análise de Dados:

- Analise dados e métricas para identificar tendências ou padrões que possam indicar problemas emergentes.

4. Simulações e Testes:

- Realize simulações e testes internos para identificar e resolver problemas antes que eles afetem os clientes. Isso é particularmente importante para atualizações de software ou lançamentos de produtos.

5. Treinamento da Equipe:

- Certifique-se de que a equipe de Sucesso do Cliente esteja bem treinada para identificar problemas potenciais e agir proativamente.

6. Comunicação Clara:

- Mantenha os clientes informados sobre atualizações, problemas conhecidos e medidas corretivas. A transparência é fundamental para construir confiança.

7. Plano de Contingência:
- Desenvolva um plano de contingência para lidar com problemas inesperados e comunique-o à equipe de Sucesso do Cliente.

8. Automatização Inteligente:
- Use a automação para rastrear métricas e acionar alertas quando problemas específicos são detectados.

9. Avaliação Pós-Resolução:
- Após resolver um problema, avalie como ele ocorreu e como poderia ser evitado ou identificado mais cedo. Isso ajuda a evitar recorrências.

Ao adotar uma abordagem proativa para antecipar e resolver problemas, as empresas podem melhorar significativamente a satisfação do cliente, a retenção e a reputação da marca. Em última análise, isso resulta em relacionamentos mais fortes e bem-sucedidos com os clientes, o que é essencial para o crescimento e o sucesso a longo prazo.

- Oferecendo recursos educacionais para clientes.

Oferecendo Recursos Educacionais para Clientes: Capacitação para o Sucesso

Disponibilizar recursos educacionais para os clientes desempenha um papel fundamental no Sucesso do Cliente, pois capacita os clientes a utilizar produtos ou serviços de forma mais eficaz. Esses recursos educacionais não apenas ajudam os clientes a entender melhor o que estão adquirindo, mas também contribuem para o aumento da satisfação, retenção e fidelização. Aqui está a relevância e os tipos de recursos educacionais que podem ser oferecidos:

Relevância:

1. Entendimento Profundo do Produto ou Serviço:

- Recursos educacionais fornecem aos clientes informações detalhadas sobre o produto ou serviço, permitindo que eles explorem todas as funcionalidades e recursos.

2. Redução da Curva de Aprendizado:

- Muitos produtos e serviços têm uma curva de aprendizado. Recursos educacionais aceleram o processo de aprendizado, ajudando os clientes a se tornarem proficientes mais rapidamente.

3. Prevenção de Problemas:

- Ao educar os clientes sobre as melhores práticas e como evitar problemas comuns, os recursos educacionais podem prevenir frustrações e solicitações de suporte.

4. Fomento da Confiança:

- Quando os clientes se sentem confiantes em seu uso de um produto ou serviço, sua satisfação e confiança na empresa aumentam.

5. Apoio à Tomada de Decisões:

- Para produtos ou serviços complexos, recursos educacionais ajudam os clientes a tomar decisões informadas sobre como usar a solução para atender às suas necessidades específicas.

Tipos de Recursos Educacionais:

1. Tutoriais em Vídeo:

- Vídeos instrutivos demonstram como usar um produto ou serviço, passo a passo. São especialmente eficazes para demonstrações visuais.

2. Artigos e Guias de Usuário:

- Documentação escrita, como guias de usuário, manuais e artigos de suporte, oferece informações detalhadas e pode ser facilmente consultada quando necessário.

3. Webinars e Treinamentos Online:

- Sessões de treinamento ao vivo ou gravadas permitem que os clientes interajam e façam perguntas, tornando o aprendizado mais envolvente.

4. FAQs (Perguntas Frequentes):

- Uma lista de perguntas e respostas comuns pode ajudar os clientes a encontrar rapidamente soluções para problemas comuns.

5. Comunidades Online:

- Fóruns de discussão e grupos online permitem que os clientes compartilhem experiências, façam perguntas e aprendam uns com os outros.

6. Cursos de Certificação:

- Oferecer cursos de certificação pode ajudar os clientes a se tornarem especialistas em seu produto ou serviço.

7. Sessões de Treinamento Personalizadas:

- Para clientes empresariais ou estratégicos, sessões de treinamento personalizadas podem ser altamente eficazes.

8. E-books e Whitepapers:

- Recursos mais extensos podem abordar tópicos complexos em profundidade.

9. Chatbots de Suporte:

- Chatbots podem fornecer respostas instantâneas a perguntas comuns e orientar os clientes para recursos adicionais.

Exemplo Prático:

Uma empresa de software de design gráfico oferece tutoriais em vídeo que mostram como realizar tarefas específicas, como criar logotipos ou manipular imagens. Esses tutoriais não apenas ajudam os clientes a usar o software, mas também os inspiram a explorar funcionalidades avançadas, resultando em designs mais criativos e eficazes.

Disponibilizar recursos educacionais para os clientes é uma estratégia poderosa para capacitar os clientes, aumentar sua satisfação e garantir que eles obtenham o máximo valor de produtos ou serviços. Esses recursos não apenas educam, mas também constroem relacionamentos mais sólidos e duradouros com os clientes.

Capítulo 4: Personalização e Adaptação para Clientes de Sucesso

- Compreendendo as necessidades individuais do cliente

Compreendendo as Necessidades Individuais do Cliente: Chave para o Sucesso do Cliente

Compreender as necessidades específicas de cada cliente é essencial para garantir o Sucesso do Cliente. Isso significa reconhecer que cada cliente é único e que suas metas, desafios e expectativas podem variar. Aqui está a importância dessa abordagem e como as empresas podem coletar informações relevantes sobre seus clientes:

Importância:

1. Entrega de Valor Personalizado:

- Compreender as necessidades individuais permite que a empresa adapte seus produtos ou serviços para fornecer valor personalizado. Isso aumenta a satisfação do cliente.

2. Resolução de Problemas Específicos:

- Clientes podem enfrentar desafios únicos. Ao entender esses desafios, a empresa pode oferecer soluções específicas para resolver problemas de forma eficaz.

3. Aumento da Retenção de Clientes:

- Quando os clientes sentem que suas necessidades são atendidas de forma personalizada, são mais propensos a permanecer leais à empresa.

4. Criação de Defensores da Marca:

- Clientes que experimentam atendimento personalizado têm maior probabilidade de se tornarem defensores da marca, recomendando-a a outras pessoas.

5. Identificação de Oportunidades de Upsell e Cross-Sell:

- Compreender as necessidades dos clientes ajuda a identificar oportunidades de oferecer produtos ou serviços adicionais que agreguem valor.

Coleta de Informações Relevantes:

1. Pesquisas e Questionários:

- Realize pesquisas regulares para coletar informações sobre as necessidades e preferências dos clientes. Isso pode ser feito por meio de questionários de satisfação, pesquisas de mercado ou entrevistas.

2. Análise de Dados de Comportamento:

- Analise os dados de interação dos clientes com seu produto ou serviço. Isso inclui como eles o usam, com que frequência e quais recursos são mais importantes.

3. Feedback Direto:

- Estabeleça canais de comunicação direta com os clientes, como um sistema de suporte eficaz ou uma linha direta de atendimento ao cliente, onde eles possam expressar suas necessidades.

4. Histórico de Interações:

- Mantenha um registro do histórico de interações com o cliente. Isso inclui chamadas, emails, tickets de suporte e outras interações anteriores.

5. Redes Sociais e Mídias Online:

- Monitore as redes sociais e mídias online para obter insights sobre as opiniões dos clientes, reclamações ou sugestões.

6. Entrevistas e Entrevistas Contextuais:

- Realize entrevistas individuais com clientes-chave para entender profundamente suas necessidades e como seu produto ou serviço pode atender a elas.

7. Segmentação de Clientes:

- Use critérios de segmentação para agrupar clientes com necessidades semelhantes e, em seguida, adapte as estratégias com base nesses segmentos.

Exemplo Prático:

Um fabricante de software de gerenciamento de projetos coleta informações sobre seus clientes por meio de pesquisas regulares e feedback direto. Eles também analisam como os clientes usam seu software e quais recursos são mais importantes para eles. Com base nesses insights, eles personalizam suas ofertas de treinamento, aprimoram recursos-chave e criam planos de suporte específicos para diferentes grupos de clientes.

Compreender as necessidades individuais do cliente não apenas ajuda a empresa a atender a essas necessidades de forma eficaz, mas também a construir relacionamentos mais fortes e duradouros. Isso é fundamental para o Sucesso do Cliente e para o crescimento sustentável do negócio.

Criando Planos de Sucesso Personalizados: Atendendo às Necessidades Únicas de Cada Cliente

Desenvolver planos de Sucesso do Cliente personalizados é uma abordagem fundamental para garantir que cada cliente alcance seus objetivos individuais com o produto ou serviço da empresa. Isso envolve a criação de metas e estratégias adaptadas às necessidades específicas de cada cliente. Aqui estão etapas-chave para criar planos de sucesso personalizados:

1. Coleta de Informações:

- Comece coletando informações detalhadas sobre o cliente. Isso inclui suas metas, desafios, requisitos específicos e quaisquer informações relevantes sobre seu setor ou nicho de mercado.

2. Avaliação de Necessidades:

- Analise as informações coletadas para identificar as necessidades e prioridades do cliente. Compreender o que é mais importante para eles é crucial.

3. Estabelecimento de Metas Claras:

- Em colaboração com o cliente, estabeleça metas claras e mensuráveis que eles desejam alcançar. Essas metas devem ser específicas para o cliente e alinhadas com seus objetivos comerciais.

4. Desenvolvimento de Estratégias:

- Crie estratégias específicas para ajudar o cliente a atingir suas metas. Isso pode envolver o uso de recursos existentes, personalizações, treinamento ou outras ações.

5. Alocação de Recursos:

- Determine os recursos necessários para implementar a estratégia, incluindo pessoal, ferramentas ou orçamento adicional, se necessário.

6. Plano de Ação Detalhado:

- Elabore um plano de ação detalhado que inclua etapas específicas, prazos e responsáveis por cada ação. Isso garante que o cliente e a equipe de Sucesso do Cliente estejam alinhados.

7. Monitoramento e Ajustes Contínuos:

- Implemente um sistema de monitoramento para acompanhar o progresso em direção às metas. Esteja disposto a fazer ajustes à estratégia conforme necessário.

8. Comunicação Regular:

- Mantenha comunicação regular com o cliente para fornecer atualizações, compartilhar insights e discutir quaisquer desafios ou mudanças nas metas.

9. Treinamento e Educação:

- Ofereça treinamento personalizado e recursos educacionais que ajudem o cliente a desenvolver as habilidades necessárias para alcançar suas metas.

10. Medição de Resultados:

- Avalie regularmente o progresso em relação às metas e demonstre o valor que o cliente está obtendo com a implementação do plano de sucesso personalizado.

Exemplo Prático:

Uma empresa de software de marketing digital cria planos de sucesso personalizados para seus clientes com base em seus objetivos específicos. Por exemplo, se um cliente deseja aumentar o tráfego orgânico do site em 30% em seis meses, a empresa desenvolve uma estratégia personalizada que pode incluir otimização de conteúdo, estratégias de backlink e análise de concorrentes. O progresso é monitorado regularmente, e ajustes são feitos conforme necessário para atingir a meta.

A criação de planos de sucesso personalizados demonstra um compromisso genuíno com o sucesso do cliente e ajuda a construir relacionamentos sólidos e duradouros. Isso não apenas aumenta a satisfação do cliente, mas também pode resultar em maior retenção e crescimento de negócios a longo prazo.

- Escalando a personalização com tecnologia

Escalando a Personalização com Tecnologia

A personalização é uma estratégia poderosa para o Sucesso do Cliente, mas pode ser desafiadora de implementar em larga escala, especialmente quando se lida com grandes bases de clientes. A tecnologia desempenha um papel crucial para tornar essa personalização escalável. Aqui estão algumas maneiras de usar a tecnologia para alcançar esse objetivo:

1. Análise de Dados Avançada:
   - Use ferramentas de análise de dados avançadas para processar grandes volumes de

dados de clientes. Isso pode ajudar a identificar padrões e tendências que informam estratégias de personalização.

2. Segmentação Automatizada:

- Implemente sistemas de segmentação automática que categorizem os clientes com base em comportamentos, preferências ou características demográficas. Isso permite direcionar mensagens e ofertas específicas para cada grupo.

3. Personalização de Conteúdo:

- Utilize sistemas de personalização de conteúdo que recomendam automaticamente produtos, serviços ou recursos com base no histórico e nas ações do cliente. Exemplos incluem algoritmos de recomendação em sites de e-commerce.

4. Automação de Marketing:

- Plataformas de automação de marketing permitem que você crie fluxos de comunicação personalizados que são acionados com base no comportamento do cliente. Isso inclui o envio de emails personalizados, mensagens em aplicativos ou notificações.

5. Chatbots e Assistência Virtual:

- Chatbots e assistentes virtuais podem fornecer suporte personalizado em grande escala, respondendo a perguntas frequentes e orientando os clientes com base em suas necessidades individuais.

6. CRM (Customer Relationship Management):

- Sistemas de CRM armazenam informações detalhadas sobre os clientes, suas interações e histórico de compras. Eles podem ser usados para personalizar as interações e o atendimento ao cliente.

7. E-mail Marketing Segmentado:

- Use plataformas de e-mail marketing que permitem segmentar sua lista de contatos e enviar campanhas altamente personalizadas com base no comportamento do cliente.

8. Ferramentas de Feedback e Pesquisa:

- Utilize ferramentas de feedback e pesquisa online para coletar informações sobre as preferências dos clientes. Isso ajuda a adaptar as ofertas e melhorar a experiência.

9. Automação de Suporte:

- Implemente sistemas de automação de suporte que direcionem automaticamente os clientes para recursos ou respostas com base em suas perguntas ou problemas específicos.

10. Aprendizado de Máquina e IA:

- Algoritmos de aprendizado de máquina e IA podem analisar grandes conjuntos de dados para identificar padrões e fazer recomendações personalizadas.

11. Plataformas de Comunicação Multicanal:

- Use plataformas que permitam a comunicação em vários canais, como chat, redes sociais, email e telefone, para personalizar a interação com o cliente com base em suas preferências.

12. Feedback e Monitoramento de Redes Sociais:

- Utilize ferramentas de monitoramento de redes sociais para identificar menções à marca e obter informações sobre o sentimento do cliente. Responda de forma personalizada quando apropriado.

13. Avaliação de NPS (Net Promoter Score):

- Ferramentas de NPS permitem medir a satisfação do cliente de forma contínua e identificar clientes promotores e detratores para ações personalizadas.

14. Plataformas de Experiência do Cliente (CXP):

- Plataformas CXP centralizam dados e oferecem insights sobre a jornada do cliente, permitindo a personalização em todos os pontos de contato.

Exemplo Prático:

Uma grande rede de varejo online utiliza algoritmos de recomendação baseados em IA para personalizar a experiência de compra de seus milhões de clientes. Esses algoritmos analisam o histórico de compras, os produtos visualizados e outros dados para fazer recomendações personalizadas em tempo real, aumentando as vendas e a satisfação do cliente.

A tecnologia desempenha um papel fundamental na escalabilidade da personalização. Ela permite que as empresas forneçam experiências altamente relevantes e adaptadas a um grande número de clientes, o que é essencial para o Sucesso do Cliente e para a construção de relacionamentos sólidos e duradouros.

- Utilização de dados para impulsionar a personalização

Utilização de Dados para Impulsionar a Personalização Eficiente

A análise de dados desempenha um papel fundamental na personalização eficaz, permitindo que as empresas entendam melhor as necessidades individuais de cada cliente e ofereçam experiências sob medida. Aqui está como a coleta e interpretação de dados podem ser usadas para tomar decisões informadas sobre como atender melhor cada cliente:

1. Coleta de Dados Abrangente:
- O primeiro passo é coletar uma ampla variedade de dados relacionados aos clientes. Isso inclui dados demográficos, histórico de

compras, preferências, comportamento de navegação, interações anteriores com a empresa e qualquer outra informação relevante.

2. Segmentação de Clientes:

- Usando os dados coletados, segmente seus clientes em grupos com características ou necessidades semelhantes. Isso permite que você personalize a comunicação e as ofertas para cada grupo.

3. Análise de Padrões e Tendências:

- Utilize ferramentas de análise de dados para identificar padrões e tendências nos dados. Por exemplo, você pode descobrir que clientes em um determinado grupo demográfico têm uma preferência particular por um tipo de produto.

4. Perfil do Cliente:

- Crie perfis de cliente detalhados com base nos dados coletados. Esses perfis incluem informações sobre preferências, histórico de compras e comportamento, permitindo uma compreensão completa do cliente.

5. Previsão de Comportamento:

- Use técnicas de análise preditiva para prever o comportamento futuro dos clientes. Por exemplo, você pode prever quais produtos um cliente específico está mais propenso a comprar com base em seu histórico de compras e padrões de navegação.

6. Recomendações Personalizadas:

- Com base na análise de dados, crie recomendações personalizadas para cada cliente. Isso pode incluir produtos, conteúdo ou serviços que são altamente relevantes para eles.

7. Automação da Personalização:

- Automatize a entrega de conteúdo e ofertas personalizadas. Isso pode ser feito por meio de sistemas de automação de marketing e ferramentas de personalização de sites.

8. Testes A/B e Otimização Contínua:

- Realize testes A/B para determinar quais estratégias de personalização funcionam melhor. A partir desses testes, otimize continuamente suas abordagens com base nos resultados.

9. Personalização em Tempo Real:

- Implemente personalização em tempo real, onde as interações do cliente acionam respostas personalizadas imediatas. Isso é especialmente eficaz em ambientes online, como sites e aplicativos.

10. Feedback Contínuo:

- Use o feedback do cliente para refinar e melhorar suas estratégias de personalização. Os clientes podem fornecer insights valiosos sobre o que funciona e o que não funciona para eles.

11. Privacidade e Segurança:

- Certifique-se de cumprir as regulamentações de privacidade e segurança de dados ao coletar, armazenar e utilizar dados dos clientes. A confiança é fundamental na personalização.

Exemplo Prático:

Uma plataforma de streaming de vídeo coleta dados sobre as preferências de visualização de seus assinantes, incluindo os tipos de conteúdo que eles assistem com mais frequência e as horas do dia em que estão mais ativos. Usando análise de dados, eles personalizam a página inicial de cada assinante, exibindo recomendações de filmes e séries que se alinham com seus interesses e horários de visualização preferidos.

A análise de dados é essencial para entender as nuances e preferências individuais dos clientes, permitindo que as empresas ofereçam experiências altamente personalizadas. Isso não apenas melhora a satisfação do cliente, mas também pode levar ao aumento da retenção e das vendas, impulsionando o Sucesso do Cliente.

Estudo de Caso 1: Amazon - Personalização de Recomendações

A Amazon é um dos exemplos mais emblemáticos de personalização bem-sucedida. A empresa utiliza algoritmos de aprendizado de máquina para analisar o histórico de compras, comportamento de navegação e avaliações dos clientes. Com base nesses dados, a Amazon fornece recomendações altamente personalizadas para produtos que os clientes podem gostar.

Resultado: A personalização de recomendações da Amazon resultou em um aumento significativo nas vendas e na satisfação do cliente. Estima-se que 35% das vendas da Amazon vêm de recomendações personalizadas.

Estudo de Caso 2: Netflix - Personalização de Conteúdo

A Netflix personaliza a experiência de visualização de cada cliente, oferecendo recomendações de filmes e séries com base no histórico de visualização e nas classificações atribuídas pelo usuário. Além disso, a Netflix cria conteúdo original com base nas preferências dos espectadores.

Resultado: A personalização da Netflix resultou em uma maior retenção de assinantes e na criação de séries e filmes de sucesso, como "House of Cards" e "Stranger Things", que foram produzidos com base nas preferências dos espectadores.

Estudo de Caso 3: Spotify - Personalização de Listas de Reprodução

O Spotify personaliza as listas de reprodução com base nos gostos musicais dos usuários, seu histórico de audição e até mesmo o clima local. A empresa utiliza algoritmos para criar listas de reprodução diárias, semanais e sazonais que atendem aos gostos individuais de cada usuário.

Resultado: A personalização das listas de reprodução do Spotify levou a um aumento no envolvimento do usuário e na retenção. Os usuários têm mais probabilidade de continuar assinando o serviço devido à experiência musical personalizada que ele oferece.

Estudo de Caso 4: Starbucks - Personalização de Pedidos

A Starbucks permite que os clientes personalizem completamente seus pedidos de café, escolhendo o tipo de café, leite, xaropes e coberturas. Além disso, a empresa introduziu o programa de fidelidade Starbucks Rewards, que oferece recompensas personalizadas com base nos hábitos de compra do cliente.

Resultado: A personalização de pedidos da Starbucks levou a um aumento nas vendas e na fidelização de clientes. O programa Starbucks Rewards também incentivou os clientes a fazerem compras regulares.

Esses estudos de caso destacam como a personalização eficaz pode impulsionar o sucesso do cliente, resultando em maior satisfação, retenção e crescimento dos negócios. Cada empresa adaptou suas estratégias de personalização de acordo com as necessidades e preferências de seus clientes, demonstrando o poder dessa abordagem em diferentes setores.

Capítulo 5: Construindo Relacionamentos de Longo Prazo

- A importância da confiança e empatia

A Importância da Confiança e Empatia na Construção de Relacionamentos de Longo Prazo com os Clientes

A confiança e a empatia são elementos-chave na construção de relacionamentos sólidos e duradouros com os clientes. Elas desempenham um papel fundamental no Sucesso do Cliente e na criação de parcerias bem-sucedidas. Aqui está a importância desses fatores:

1. Confiança:

- Base da Parceria: A confiança é a base de qualquer relacionamento sólido. Os clientes precisam confiar na empresa para cumprir suas promessas, fornecer produtos ou serviços de qualidade e agir de maneira ética.

- Redução de Riscos: Quando os clientes confiam em uma empresa, estão dispostos a assumir menos riscos. Eles são mais propensos a fazer compras, investir tempo e recursos e até mesmo compartilhar informações sensíveis.

- Fidelização: A confiança leva à fidelização. Clientes que confiam em uma empresa tendem a permanecer leais a ela, mesmo quando enfrentam concorrência.

- Recomendações: Clientes satisfeitos e confiantes são mais propensos a recomendar a empresa a outros. Isso resulta em crescimento orgânico por meio de referências.

2. Empatia:

- Compreensão das Necessidades: A empatia envolve a capacidade de compreender as necessidades, desafios e preocupações do cliente. Quando os clientes se sentem compreendidos, estão mais propensos a permanecer engajados.

- Melhor Comunicação: A empatia melhora a comunicação. Os clientes se sentem mais à vontade para expressar suas preocupações e expectativas quando a empresa demonstra empatia.

- Solução de Problemas: A empatia permite que a empresa se coloque no lugar do cliente e encontre soluções que atendam às necessidades reais. Isso leva a uma resolução mais eficaz de problemas.

- Personalização: A empatia permite que a empresa personalize suas interações e ofertas de acordo com as necessidades individuais do cliente, o que leva a uma experiência mais satisfatória.

3. Construção de Relacionamentos de Longo Prazo:

- A confiança e a empatia são essenciais para construir relacionamentos de longo prazo com os clientes. Quando os clientes confiam na empresa e sentem que estão sendo ouvidos e compreendidos, estão mais dispostos a continuar a parceria.

- Relacionamentos de longo prazo têm um valor significativo para as empresas, uma vez que clientes fiéis geram receita repetida e podem atuar como defensores da marca.

- Além disso, a construção de relacionamentos sólidos reduz os custos de aquisição de clientes, uma vez que é mais caro adquirir novos clientes do que manter os existentes.

Exemplo Prático:

Uma empresa de software de gerenciamento de projetos demonstra confiança e empatia ao lidar com um cliente que enfrenta dificuldades na implementação de seu software. A empresa não apenas oferece suporte técnico eficaz, mas também designa um representante de Sucesso do Cliente para trabalhar diretamente com o cliente, compreendendo suas necessidades e fornecendo soluções personalizadas. Ao longo do tempo, a confiança é construída à medida que a empresa demonstra sua capacidade de entender e resolver os desafios do cliente, levando a uma parceria duradoura.

A confiança e a empatia são componentes críticos na construção de relacionamentos de longo prazo com os clientes. Esses fatores não apenas aumentam a satisfação do cliente, mas também fortalecem a fidelização e o crescimento dos negócios. Empresas que priorizam a confiança e a empatia estão bem posicionadas para alcançar o Sucesso do Cliente e estabelecer parcerias sólidas.

- Nutrindo relacionamentos além da venda

Nutrindo Relacionamentos Além da Venda Inicial

Manter relacionamentos sólidos com os clientes após a venda inicial é fundamental para o Sucesso do Cliente e para o crescimento sustentável dos negócios. Aqui estão algumas estratégias que as empresas podem adotar para nutrir relacionamentos além da venda inicial:

1. Comunicação Contínua:

- Mantenha linhas abertas de comunicação com os clientes. Isso pode incluir newsletters, atualizações regulares por email, mídias sociais, webinars e outros canais de contato.

2. Suporte Pós-Venda:

- Ofereça suporte contínuo para garantir que os clientes estejam satisfeitos com seu produto ou serviço. Isso inclui assistência técnica, suporte ao cliente e resolução de problemas.

3. Treinamento e Educação:

- Forneça recursos de treinamento e educação que ajudem os clientes a aproveitar ao máximo seu produto ou serviço. Isso pode incluir webinars, tutoriais em vídeo, artigos de blog e manuais.

4. Feedback e Pesquisa:

- Peça feedback regularmente para entender as necessidades e preocupações dos clientes. Isso demonstra que você valoriza suas opiniões e está comprometido em melhorar.

5. Ofertas Especiais e Promoções:

- Ofereça ofertas especiais e promoções exclusivas para clientes existentes. Isso os incentiva a permanecerem engajados e a considerar compras adicionais.

6. Programas de Fidelidade:

- Implemente programas de fidelidade que recompensem clientes fiéis com descontos, recompensas ou acesso antecipado a novos produtos ou recursos.

7. Personalização Contínua:

- Continue personalizando a experiência do cliente com base em seu histórico de interações e preferências. Isso demonstra que você está atento às suas necessidades individuais.

8. Acompanhamento Proativo:

- Realize acompanhamento proativo para garantir que os clientes estejam alcançando seus objetivos com seu produto ou serviço. Ofereça assistência adicional, se necessário.

9. Eventos e Comunidades:

- Promova eventos exclusivos para clientes ou crie comunidades online onde os clientes possam interagir, fazer perguntas e compartilhar conhecimento.

10. Reconhecimento e Agradecimento:

- Reconheça e agradeça aos clientes por sua lealdade. Um simples gesto de apreço pode fortalecer os laços.

11. Resolução Rápida de Problemas:

- Se surgirem problemas ou preocupações, resolva-os rapidamente e com empatia. Os clientes valorizam o suporte eficiente.

12. Aprendizado Contínuo:

- Use o feedback dos clientes e os dados de interação para aprender e melhorar constantemente. Demonstre um compromisso contínuo com a excelência.

13. Acompanhamento a Longo Prazo:

- Mantenha o relacionamento a longo prazo em mente. Nutrir um relacionamento vai além da venda imediata; é um compromisso contínuo com o sucesso do cliente.

Exemplo Prático:

Uma empresa de software empresarial oferece treinamento e suporte contínuos aos seus clientes após a implementação inicial. Eles realizam webinars mensais para fornecer dicas e truques avançados, têm uma comunidade online onde os clientes podem fazer perguntas e compartilhar melhores práticas, e enviam atualizações regulares por email sobre novos recursos. Além disso, eles atribuem gerentes de conta dedicados para acompanhar os clientes regularmente e garantir que suas necessidades sejam atendidas.

A chave para nutrir relacionamentos além da venda inicial é o compromisso contínuo em fornecer valor e suporte aos clientes. Isso não apenas aumenta a satisfação do cliente, mas também fortalece a lealdade, resultando em relacionamentos duradouros e benéficos para ambas as partes.

- Fomentando a fidelidade do cliente

Fomentando a Fidelidade do Cliente

Promover a fidelidade do cliente é crucial para construir relacionamentos de longo prazo e impulsionar o Sucesso do Cliente. Existem várias estratégias eficazes para fomentar a fidelidade do cliente:

1. Programas de Fidelidade:

- Recompensas Exclusivas: Crie programas de fidelidade que ofereçam recompensas exclusivas aos clientes que fazem compras repetidas ou que permanecem com sua empresa por um longo período.

- Pontos ou Milhas: Ofereça pontos acumulativos ou milhas que os clientes podem resgatar por descontos, produtos gratuitos ou outros benefícios.

2. Atendimento Excepcional:

- Treinamento da Equipe: Certifique-se de que sua equipe esteja bem treinada para fornecer atendimento ao cliente excepcional. Isso inclui ouvir atentamente as preocupações dos clientes e resolver problemas de maneira rápida e eficiente.

- Personalização: Personalize a experiência do cliente, lembrando-se de suas preferências e interações anteriores. Isso faz com que os clientes se sintam valorizados.

3. Comunicação Contínua:

- Newsletter e Atualizações: Mantenha os clientes informados sobre atualizações de produtos, ofertas especiais e notícias da empresa por meio de newsletters e atualizações regulares.

- Feedback: Peça feedback regularmente e mostre que você valoriza as opiniões dos clientes, fazendo melhorias com base em suas sugestões.

4. Experiência do Cliente de Qualidade:

- Qualidade Consistente: Garanta que a qualidade de seus produtos ou serviços seja consistente ao longo do tempo. A inconsistência pode levar à perda de clientes.

- Facilidade de Uso: Faça com que seus produtos ou serviços sejam fáceis de usar e de entender. Clientes satisfeitos tendem a permanecer leais.

5. Reconhecimento e Gratidão:

- Recompense a Lealdade: Reconheça e recompense os clientes mais leais com brindes, descontos exclusivos ou convites para eventos especiais.

- Agradecimento Sincero: Demonstre gratidão sincera aos clientes por escolherem sua empresa. Isso pode ser feito por meio de notas de agradecimento ou mensagens personalizadas.

6. Comunidade e Envolvimento:

- Comunidade de Clientes: Crie uma comunidade online onde os clientes possam interagir, compartilhar experiências e obter suporte uns dos outros.

- Eventos Exclusivos: Promova eventos exclusivos para clientes, como lançamentos de produtos ou workshops, para aumentar o envolvimento.

7. Acompanhamento Pós-Compra:

- Acompanhamento Personalizado: Após uma compra, faça um acompanhamento personalizado para garantir que o cliente esteja satisfeito e aproveitando o produto ou serviço ao máximo.

8. Atenção aos Detalhes:

- Atenção aos Detalhes: Preste atenção aos pequenos detalhes que fazem a diferença. Isso pode incluir embalagens atraentes, tempo de resposta rápido e embalagens de produtos personalizadas.

9. Consistência na Experiência:

- Consistência: Mantenha uma experiência consistente em todos os pontos de contato, desde o site até o atendimento ao cliente. A inconsistência pode levar à perda de confiança.

10. Fornecimento de Valor Contínuo:

- Educação: Forneça conteúdo educacional e recursos que ajudem os clientes a obter o máximo de valor de seus produtos ou serviços.

Exemplo Prático:

Uma rede de hotéis oferece um programa de fidelidade que permite aos clientes acumular pontos a cada estadia. Esses pontos podem ser usados para descontos futuros, upgrades de quarto ou até mesmo estadias gratuitas. Além disso, o hotel envia pesquisas de satisfação após cada estadia para coletar feedback e garantir uma experiência consistente e de alta qualidade.

Essas estratégias não apenas incentivam a fidelidade do cliente, mas também contribuem para a construção de relacionamentos de longo prazo. Clientes fiéis são mais propensos a se tornarem defensores da marca, recomendando-a a outros e contribuindo para o crescimento dos negócios.

- Estratégias para lidar com clientes insatisfeitos

Estratégias para Lidar com Clientes Insatisfeitos

Lidar com clientes insatisfeitos é uma parte inevitável dos negócios, mas também é uma oportunidade para transformar uma experiência negativa em algo positivo e fortalecer o relacionamento com o cliente. Aqui estão algumas estratégias para abordar e resolver problemas com clientes insatisfeitos:

1. Ouça Atentamente:

- Escute com Empatia: Deixe o cliente expressar suas preocupações e frustrações sem interromper. Mostre empatia e compreenda suas emoções.

2. Peça Detalhes:

- Peça Exemplos Específicos: Solicite detalhes específicos sobre o problema para entender completamente a situação. Quanto mais informações você tiver, melhor será a resolução.

3. Peça Desculpas Sinceras:

- Peça Desculpas: Peça desculpas sinceramente pelo problema ou pela experiência negativa que o cliente teve. Isso demonstra responsabilidade e cuidado com o cliente.

4. Resolva o Problema Rapidamente:

- Priorize a Resolução: Trabalhe rapidamente para resolver o problema ou encontrar uma solução que satisfaça o cliente. A demora na resolução pode piorar a situação.

5. Ofereça Alternativas:

- Ofereça Alternativas: Se o cliente não estiver satisfeito com a solução inicial, esteja preparado para oferecer alternativas que atendam às suas necessidades.

6. Aprenda com o Feedback:

- Aprenda e Melhore: Use o feedback do cliente como uma oportunidade de aprendizado. Analise o problema para evitar que ele ocorra novamente no futuro.

7. Treine sua Equipe:

- Treinamento da Equipe: Garanta que sua equipe esteja bem treinada para lidar com situações de clientes insatisfeitos. Eles devem saber como manter a calma, mostrar empatia e buscar soluções.

8. Seja Transparente:

- Transparência: Se o problema for causado por um erro da empresa, seja transparente sobre isso. Os clientes apreciam a honestidade.

9. Acompanhamento:

- Acompanhamento: Após a resolução do problema, faça um acompanhamento com o cliente para garantir que ele esteja satisfeito com a solução e não tenha mais preocupações.

10. Ofereça Compensação Adequada:

- Compensação Adequada: Se a situação exigir, esteja disposto a oferecer compensação, como descontos, reembolsos ou serviços adicionais gratuitos.

11. Mantenha a Calma:

- Mantenha a Calma: Mantenha a calma, mesmo quando confrontado com clientes irritados. Responder com cortesia e paciência pode ajudar a acalmar a situação.

12. Registre e Acompanhe:

- Registre o Feedback: Registre todos os problemas e reclamações dos clientes, bem como as resoluções. Isso pode ser útil para o aprendizado interno e para acompanhar problemas recorrentes.

13. Melhoria Contínua:

- Melhoria Contínua: Use o feedback dos clientes insatisfeitos como uma oportunidade para melhorar seus produtos, serviços e processos internos.

14. Mantenha a Privacidade:

- Privacidade: Respeite a privacidade do cliente ao lidar com reclamações. Não compartilhe informações pessoais sem permissão.

Exemplo Prático:

Um cliente de uma loja online recebeu um produto danificado. Ao entrar em contato com o serviço de atendimento ao cliente, a equipe ouviu atentamente as preocupações do cliente, pediu fotos do produto danificado e, imediatamente, enviou um produto de reposição, sem custo adicional. Além disso, eles ofereceram um desconto em uma futura compra como gesto de boa vontade. Após o cliente receber o produto de reposição, a equipe fez um acompanhamento para garantir que ele estivesse satisfeito e não enfrentasse mais problemas.

Lidar com clientes insatisfeitos pode ser desafiador, mas abordar esses problemas com empatia, eficácia e profissionalismo pode transformar uma experiência negativa em uma oportunidade para construir relacionamentos mais fortes e fidelidade do cliente.

- Transformando clientes em defensores da marca.

Transformando Clientes em Defensores da Marca

Transformar clientes satisfeitos em defensores entusiasmados da marca é uma conquista valiosa para qualquer empresa. Esses defensores não apenas continuam a fazer negócios com você, mas também promovem ativamente sua marca para outras pessoas.

Aqui estão estratégias para alcançar essa transformação:

1. Ofereça Excelente Atendimento ao Cliente:

- Atendimento Excepcional: Fornecer um atendimento ao cliente excepcional é fundamental para criar clientes satisfeitos. Responda às perguntas prontamente, resolva problemas rapidamente e seja sempre cortês e profissional.

2. Personalização da Experiência:

- Personalize a Experiência: Trate cada cliente como único. Personalize ofertas e recomendações com base em seu histórico de compras e preferências.

3. Surpreenda com Valor Adicional:

- Valor Adicional: Surpreenda os clientes com valor adicional. Isso pode incluir brindes, descontos exclusivos ou acesso antecipado a produtos.

4. Crie Programas de Fidelidade:

- Programas de Fidelidade: Ofereça programas de fidelidade que recompensem clientes fiéis com descontos, recompensas ou pontos que podem ser acumulados.

5. Solicite Avaliações e Depoimentos:

- Avaliações Positivas: Peça aos clientes satisfeitos para deixarem avaliações positivas em sites de avaliação ou depoimentos em seu site.

6. Facilite o Compartilhamento nas Redes Sociais:

- Compartilhamento Social: Facilite o compartilhamento de experiências positivas nas redes sociais, fornecendo botões de compartilhamento e incentivos para fazê-lo.

7. Crie uma Comunidade de Clientes:

- Comunidade Online: Crie uma comunidade online onde os clientes possam interagir, compartilhar experiências e fornecer suporte uns aos outros.

8. Ofereça Conteúdo de Qualidade:

- Conteúdo Relevante: Forneça conteúdo relevante e valioso, como blogs, guias e vídeos, que agreguem valor aos clientes.

9. Escute e Responda às Sugestões:

- Feedback Valioso: Ouça o feedback dos clientes e implemente as sugestões quando for apropriado. Isso demonstra que você valoriza suas opiniões.

10. Reconheça e Agradeça:

- Reconhecimento: Reconheça e agradeça aos clientes por sua lealdade e apoio. Pode ser um simples gesto de gratidão.

11. Promova Histórias de Sucesso:

- Histórias de Sucesso: Conte histórias de sucesso de clientes em seu site, blog ou materiais de marketing. Isso inspira outros clientes a seguir o exemplo.

12. Envolva-se nas Redes Sociais:

- Atividade nas Redes Sociais: Esteja ativo nas redes sociais, interagindo com clientes e compartilhando conteúdo interessante e relevante.

13. Promova Programas de Indicação:

- **Programas de Indicação:** Crie programas de indicação que recompensem os clientes por trazerem novos negócios para sua empresa.

14. Acompanhamento Constante:

- **Acompanhamento Contínuo:** Continue acompanhando os clientes ao longo do tempo para garantir que eles permaneçam satisfeitos e envolvidos.

15. Seja Consistente:

- **Consistência:** Mantenha uma experiência consistente em todos os pontos de contato com a marca, desde o site até o atendimento ao cliente.

Exemplo Prático:

Uma empresa de roupas online mantém um programa de fidelidade que oferece pontos para cada compra. Além disso, eles incentivam os clientes a postarem fotos usando suas roupas nas redes sociais com uma hashtag específica. Os clientes que o fazem têm a chance de serem destacados no site da empresa e nas redes sociais, o que promove um sentimento de comunidade e reconhecimento. Essa abordagem incentiva o compartilhamento social e cria defensores entusiasmados da marca.

Transformar clientes em defensores da marca requer tempo e esforço, mas o resultado é um grupo de promotores que não apenas continuam a apoiar sua empresa, mas também a promovem ativamente para outros. Isso pode ser uma parte valiosa de sua estratégia de marketing e crescimento de negócios.

Capítulo 6: Expansão do Valor e Crescimento Sustentável

- Identificando oportunidades de upsell e cross-sell

Identificando Oportunidades de Upsell e Cross-sell

Upsell e cross-sell são duas estratégias de vendas que permitem expandir o valor para os clientes, aumentando o tamanho médio da compra e promovendo produtos ou serviços adicionais. Aqui está uma explicação detalhada de cada estratégia e como identificar oportunidades eficazmente:

1. Upsell:

- Definição: O upsell envolve persuadir o cliente a adquirir um produto ou serviço mais caro ou avançado do que o que inicialmente planejavam comprar.

- Exemplo: Se um cliente está comprando um telefone celular, o upsell poderia ser oferecer uma versão mais avançada do mesmo telefone com recursos adicionais.

2. Cross-sell:

- Definição: O cross-sell consiste em oferecer produtos ou serviços complementares ao que o cliente já está comprando.

- Exemplo: Se um cliente está comprando um laptop, o cross-sell poderia ser oferecer uma bolsa de laptop ou um pacote de software como complementos.

Identificando Oportunidades de Upsell e Cross-sell:

1. Conheça Seu Cliente:

- Perfil do Cliente: Entenda o perfil e as preferências do cliente. Quanto mais você souber sobre seus gostos e necessidades, mais precisamente poderá identificar oportunidades.

2. Analise o Histórico de Compras:

- Histórico de Compras: Analise o histórico de compras do cliente. Se eles já compraram produtos ou serviços relacionados, é uma indicação de que podem estar abertos a upsell ou cross-sell.

3. Ofereça Produtos Complementares:

- Produtos Relacionados: Ao apresentar um produto, ofereça produtos relacionados que façam sentido em conjunto. Por exemplo, ao vender uma câmera, sugira um tripé e uma bolsa de câmera.

4. Use Recomendações Inteligentes:

- Algoritmos de Recomendação: Use algoritmos de recomendação em seu site ou plataforma de compras online para sugerir produtos com base no que o cliente está visualizando ou comprando.

5. Ofereça Pacotes de Produtos ou Serviços:

- Pacotes Complementares: Crie pacotes de produtos ou serviços que ofereçam valor adicional quando comprados juntos. Isso pode ser mais atraente para os clientes do que comprar itens separadamente.

6. Destaque Ofertas Especiais:

- Ofertas Promocionais: Destaque ofertas especiais, descontos ou pacotes promocionais para incentivar upsell e cross-sell.

7. Use Comunicação Personalizada:

- Email Marketing Personalizado: Envie comunicações personalizadas por email com sugestões relevantes com base no histórico de compras e preferências do cliente.

8. Ofereça Testes Gratuitos ou Avaliações:

- Avaliações Gratuitas: Ofereça avaliações gratuitas de produtos ou serviços complementares para que os clientes experimentem antes de comprar.

9. Capacite sua Equipe de Vendas:

- Treinamento: Certifique-se de que sua equipe de vendas esteja treinada para identificar oportunidades de upsell e cross-sell durante interações com os clientes.

Exemplo Prático:

Imagine que um cliente está comprando um tênis esportivo em uma loja online. Com base no conhecimento do cliente, do histórico de compras e do algoritmo de recomendação, a loja pode sugerir:

- Upsell: Um tênis esportivo de edição limitada com recursos premium por um preço ligeiramente mais alto.

- Cross-sell: Meias esportivas de alta qualidade ou uma mochila esportiva que combina com o tênis.

Identificar oportunidades de upsell e cross-sell não apenas aumenta o valor da compra do cliente, mas também pode melhorar a satisfação, pois os clientes podem descobrir produtos ou serviços que atendam melhor às suas necessidades e gostos. É uma estratégia eficaz para aumentar o valor do cliente a longo prazo.

Expandindo o Valor ao Longo do Tempo

Fornecer valor contínuo aos clientes ao longo do tempo é essencial para manter relacionamentos sólidos e duradouros, bem como para impulsionar o sucesso do cliente. Isso não apenas mantém os clientes satisfeitos, mas também pode aumentar o valor percebido e o envolvimento do cliente. Aqui estão estratégias para alcançar essa expansão de valor:

1. Comunicação Constante:

- Mantenha linhas de comunicação abertas com os clientes por meio de newsletters, atualizações regulares por email e mídias sociais. Isso mantém os clientes informados sobre novos produtos, recursos e ofertas.

2. Atualizações de Produtos ou Serviços:

- Continue a melhorar e atualizar seus produtos ou serviços com base no feedback do cliente e nas mudanças nas necessidades do mercado. As atualizações frequentes mostram que você está comprometido com a qualidade.

3. Personalização Contínua:

- Utilize dados e análises para personalizar a experiência do cliente com base em seu histórico de interações e preferências. Isso torna a experiência mais relevante e valiosa para cada cliente.

4. Educação e Treinamento:

- Forneça recursos de treinamento e educação que ajudem os clientes a utilizar seus produtos ou serviços de maneira mais eficaz. Isso pode incluir webinars, tutoriais em vídeo e artigos educativos.

5. Acompanhamento e Suporte Proativo:

- Realize acompanhamento proativo com os clientes para garantir que eles estejam alcançando seus objetivos. Ofereça suporte adicional conforme necessário e responda rapidamente às preocupações.

6. Programas de Fidelidade e Recompensas:

- Implemente programas de fidelidade que recompensem clientes fiéis com descontos, recompensas ou acesso antecipado a novos produtos ou recursos.

7. Compartilhe Recursos Gratuitos:

- Compartilhe conteúdo gratuito e valioso, como guias, estudos de caso e recursos educacionais, que agreguem valor aos clientes, mesmo quando não estão fazendo compras.

8. Feedback Contínuo:

- Peça feedback contínuo dos clientes para entender suas necessidades em constante evolução e fazer melhorias com base em suas sugestões.

9. Ofertas Especiais para Clientes Antigos:

- Ofereça ofertas especiais exclusivas para clientes antigos, como descontos em aniversários de compra ou atualizações de produtos com desconto.

10. Programas de Indicação:

- Incentive os clientes a indicar sua empresa para outras pessoas, oferecendo recompensas ou descontos quando novos clientes se inscreverem.

11. Mantenha a Qualidade do Atendimento ao Cliente:

- Mantenha uma equipe de atendimento ao cliente eficaz e bem treinada. O suporte amigável e eficiente é fundamental para o sucesso do cliente.

12. Acompanhe Métricas de Sucesso do Cliente:

- Utilize métricas adequadas para medir o sucesso do cliente, como a retenção de clientes, a taxa de renovação e a satisfação do cliente. Isso ajuda a identificar áreas de melhoria.

Exemplo Prático:

Uma empresa de software empresarial oferece um programa de fidelidade para seus clientes existentes. Eles fornecem atualizações de software regulares com base no feedback dos clientes e oferecem suporte técnico 24 horas por dia. Além disso, eles têm uma comunidade online onde os clientes podem compartilhar melhores práticas e obter ajuda uns dos outros. Essas estratégias mantêm os clientes engajados e aumentam o valor percebido ao longo do tempo.

Fornecer valor contínuo ao longo do tempo é uma parte crucial do Sucesso do Cliente e da construção de relacionamentos de longo prazo. Clientes que continuam a ver valor em seu relacionamento com a empresa são mais propensos a permanecer fiéis e a se tornarem defensores da marca, ajudando a atrair novos clientes e a impulsionar o crescimento do negócio.

- Abordagens éticas para aumento de receita

Abordagens Éticas para Aumento de Receita

A ética desempenha um papel fundamental nos esforços de aumento de receita de uma empresa. É possível equilibrar o crescimento financeiro com a satisfação do cliente e a integridade, e, na verdade, isso é essencial para construir relacionamentos de longo prazo e uma reputação positiva no mercado. Aqui estão algumas abordagens éticas para aumentar a receita:

1. Transparência e Honestidade:

- Comunicação Transparente: Seja transparente em todas as interações com os clientes. Isso inclui informar claramente sobre preços, termos e condições, e não ocultar informações importantes.

- Promoção Honesta: Evite promover produtos ou serviços de maneira enganosa. Todas as alegações devem ser precisas e respaldadas por evidências.

2. Qualidade Consistente:

- Mantenha a Qualidade: Certifique-se de que seus produtos ou serviços mantenham uma qualidade consistente ao longo do tempo. A satisfação do cliente é crucial para a fidelidade.

3. Respeito pelo Cliente:

- Respeito pelas Escolhas do Cliente: Respeite as escolhas do cliente, mesmo que elas não beneficiem diretamente a empresa. Isso demonstra respeito pela autonomia do cliente.

4. Suporte ao Cliente de Qualidade:

- Atendimento ao Cliente Ético: Fornecer suporte ao cliente de qualidade, tratando os clientes com respeito e resolvendo problemas de maneira justa.

5. Proteção de Dados e Privacidade:

- **Proteção de Dados:** Cumpra todas as regulamentações de privacidade de dados e proteja as informações pessoais dos clientes.

6. Ofertas Baseadas nas Necessidades do Cliente:

- **Ofertas Relevantes:** Faça ofertas com base nas necessidades e preferências do cliente, em vez de empurrar produtos ou serviços que eles não precisam.

7. Políticas de Devolução e Reembolso Justas:

- **Políticas de Devolução Éticas:** Tenha políticas de devolução e reembolso justas que atendam às necessidades do cliente em caso de problemas.

8. Responsabilidade Social Corporativa:

- **Contribuição para a Sociedade:** Participe de iniciativas de responsabilidade social corporativa que demonstrem um compromisso com valores éticos e sustentabilidade.

9. Evite Práticas de Vendas Sob Pressão:

- Vendas Éticas: Evite táticas de vendas sob pressão que possam fazer com que os clientes tomem decisões impulsivas ou que não sejam do seu melhor interesse.

10. Cooperação com os Concorrentes:

- Concorrência Ética: Concorra de maneira ética, evitando práticas anticompetitivas ou desonestas que prejudiquem a concorrência justa.

11. Ouça o Feedback do Cliente:

- Aprendizado Contínuo: Ouça atentamente o feedback do cliente e esteja disposto a fazer melhorias com base em suas sugestões.

Exemplo Prático:

Uma empresa de alimentos orgânicos compromete-se a produzir produtos de alta qualidade, sem aditivos químicos prejudiciais à saúde. Eles são transparentes sobre a origem de seus ingredientes e têm práticas de produção sustentáveis. Além disso, eles apoiam programas de agricultura orgânica local como parte de sua responsabilidade social corporativa. Essas práticas éticas aumentam a confiança dos clientes e contribuem para seu sucesso financeiro a longo prazo.

As abordagens éticas para aumento de receita não apenas beneficiam os clientes e a integridade da empresa, mas também podem ser um fator de diferenciação no mercado e criar uma base leal de clientes que valorizam a ética nos negócios. A longo prazo, a ética e o sucesso financeiro podem andar de mãos dadas, construindo uma empresa sólida e respeitada.

- O papel do Sucesso do Cliente na retenção de clientes

O Papel do Sucesso do Cliente na Retenção de Clientes

O Sucesso do Cliente desempenha um papel crítico na retenção de clientes e na construção de relacionamentos de longo prazo. A entrega consistente de valor é o cerne dessa estratégia, e ela influencia profundamente a fidelidade do cliente. Aqui estão as razões pelas quais o Sucesso do Cliente é fundamental para a retenção de clientes:

1. Entrega de Valor Constante:

- O Sucesso do Cliente se concentra em garantir que os clientes obtenham valor contínuo de seus produtos ou serviços. Isso significa que, mesmo após a compra inicial, os clientes continuam a receber benefícios.

2. Fidelidade Aumentada:

- Quando os clientes percebem que estão obtendo valor consistente, eles têm menos incentivo para buscar alternativas. Isso resulta em maior fidelidade à marca.

3. Redução da Rotatividade:

- Uma estratégia eficaz de Sucesso do Cliente pode ajudar a reduzir a rotatividade de clientes, impedindo que eles mudem para a concorrência.

4. Advocacia do Cliente:

- Clientes satisfeitos e bem-sucedidos são mais propensos a se tornarem defensores da marca, promovendo ativamente seus produtos ou serviços para outras pessoas.

5. Feedback Valioso:

- O Sucesso do Cliente envolve a coleta de feedback constante dos clientes. Isso ajuda a identificar problemas e áreas de melhoria, permitindo que a empresa faça ajustes necessários.

6. Crescimento da Receita:

- Clientes satisfeitos estão mais dispostos a fazer compras adicionais e a investir em produtos ou serviços adicionais oferecidos pela empresa, impulsionando o crescimento da receita.

7. Ciclos de Vida Mais Longos:

- Clientes bem-sucedidos tendem a ter ciclos de vida mais longos, o que significa que eles permanecem como clientes ativos por mais tempo, gerando mais receita ao longo do tempo.

8. Recompra e Upsell:

- Clientes satisfeitos são mais propensos a recomprar produtos ou serviços da mesma empresa e a considerar upsell para produtos ou serviços mais avançados.

9. Integridade e Confiança:

- O Sucesso do Cliente envolve a entrega de valor de maneira ética e transparente. Isso constrói confiança e integridade, fundamentais para a retenção.

10. Adaptação às Mudanças do Cliente:

- O Sucesso do Cliente se adapta às mudanças nas necessidades e metas do cliente, garantindo que eles continuem a receber o suporte e os recursos necessários.

Exemplo Prático:

Uma empresa de software de gerenciamento de projetos oferece treinamento personalizado para seus clientes. Eles monitoram o progresso do cliente e fornecem assistência adicional quando necessário. Isso resulta em uma alta taxa de sucesso do cliente, com clientes que concluem projetos com mais eficiência e precisão. Como resultado, esses clientes são mais propensos a renovar suas assinaturas e a considerar a compra de módulos adicionais do software.

Em resumo, o Sucesso do Cliente é essencial para a retenção de clientes, pois mantém os clientes satisfeitos, engajados e recebendo valor constante ao longo do tempo. A entrega consistente de valor influencia diretamente na fidelidade do cliente, na redução da rotatividade e no crescimento sustentável dos negócios. É uma estratégia que prioriza a longevidade do relacionamento sobre ganhos de curto prazo.

Medindo o Impacto Financeiro do Sucesso do Cliente

Quantificar o impacto financeiro do Sucesso do Cliente é fundamental para entender o retorno sobre o investimento (ROI) nessa área. Aqui estão algumas métricas e métodos que as empresas podem usar para medir o impacto financeiro do Sucesso do Cliente:

1. Churn Rate (Taxa de Rotatividade):

- O churn rate mede a taxa de perda de clientes durante um período específico. Uma redução na taxa de churn é um indicador positivo de que o Sucesso do Cliente está funcionando, pois menos clientes estão abandonando a empresa.

2. Retenção de Clientes:

- A retenção de clientes é o oposto do churn. Ela mede a porcentagem de clientes que permanecem com a empresa ao longo do tempo. Um aumento na retenção está diretamente relacionado ao Sucesso do Cliente.

3. Aumento na Receita por Cliente:

- Acompanhe o aumento na receita média gerada por cliente ao longo do tempo. Se os clientes estiverem comprando mais ou atualizando para produtos/serviços mais caros, isso pode ser atribuído ao Sucesso do Cliente.

4. Taxa de Renovação:

- Para empresas com modelos de assinatura, a taxa de renovação é fundamental. Um aumento na taxa de renovação está ligado à satisfação do cliente, o que pode ser impulsionado pelo Sucesso do Cliente.

5. Vendas Adicionais (Upsell e Cross-sell):

- Acompanhe o número de vendas adicionais feitas para clientes existentes. Se os clientes estiverem comprando produtos ou serviços adicionais, isso pode ser resultado do Sucesso do Cliente.

6. Lifetime Value (Valor do Cliente ao Longo da Vida):

- Calcule o valor médio que um cliente gera durante todo o seu relacionamento com a empresa. Um aumento no valor do cliente ao longo da vida está diretamente relacionado ao Sucesso do Cliente.

7. Referências e Recomendações:

- Acompanhe o número de referências e recomendações feitas pelos clientes satisfeitos. Isso pode ser uma métrica indireta do sucesso do programa de Sucesso do Cliente.

8. Redução nos Custos de Suporte e Atendimento ao Cliente:

- Se o Sucesso do Cliente estiver funcionando bem, os clientes podem precisar de menos suporte. Monitore os custos de suporte e atendimento ao cliente para ver se eles diminuem.

9. Net Promoter Score (NPS):

- O NPS mede a disposição dos clientes de recomendar a empresa a outros. Um NPS mais alto geralmente está relacionado a uma melhor experiência do cliente.

10. Análise de Causa e Efeito:

- Realize análises de causa e efeito para determinar quais práticas ou ações específicas do Sucesso do Cliente estão mais correlacionadas com o aumento das métricas financeiras.

11. Avaliação de ROI Direto:

- Realize uma avaliação direta do ROI do programa de Sucesso do Cliente, comparando os custos associados ao programa com o aumento na receita, redução de custos e retenção de clientes.

Exemplo Prático:

Suponha que uma empresa de software de gerenciamento de projetos implementou um programa de Sucesso do Cliente que incluiu treinamento personalizado, suporte prioritário e atualizações regulares. Após um ano, eles observaram:

- Uma redução de 20% na taxa de churn.
- Um aumento de 15% na taxa de renovação de assinaturas.
- Um aumento de 10% nas vendas adicionais de módulos de software.

Com base nessas métricas, a empresa calculou um ROI positivo para o programa de Sucesso do Cliente, considerando os custos associados à sua implementação. Eles puderam quantificar o impacto financeiro direto do programa.

Medir o impacto financeiro do Sucesso do Cliente não apenas justifica o investimento nessa área, mas também ajuda a otimizar as estratégias para alcançar melhores resultados. É uma parte crucial da gestão empresarial voltada para o cliente e o crescimento sustentável.

Capítulo 7: Sucesso do Cliente em Diferentes Setores e Contextos

- Aplicando o Sucesso do Cliente em indústrias SaaS

O Sucesso do Cliente desempenha um papel crítico na indústria de Software as a Service (SaaS) devido à natureza de assinatura desses produtos e à importância de manter clientes satisfeitos e comprometidos para garantir a renovação das assinaturas. Aqui estão práticas-chave e desafios exclusivos enfrentados por empresas de SaaS na implementação do Sucesso do Cliente:

Práticas-Chave:

1. Onboarding Eficiente:

- O processo de onboarding é crítico. Ele deve ser rápido, eficiente e garantir que os clientes entendam como usar o software desde o início. Isso ajuda a evitar a frustração inicial e aumenta a probabilidade de sucesso a longo prazo.

2. Segmentação de Clientes:

- Segmentar os clientes com base em suas necessidades, tamanho e estágio de uso do software é essencial. Isso permite oferecer suporte personalizado e recursos relevantes para cada grupo.

3. Educação Contínua:

- Fornecer recursos de educação contínua, como webinars, tutoriais em vídeo e guias, ajuda os clientes a explorar todo o potencial do software.

4. Suporte Proativo:

- Antecipe problemas e ofereça suporte proativo antes que os clientes precisem solicitar ajuda. Isso demonstra compromisso com o sucesso do cliente.

5. Análise de Uso:

- Acompanhe como os clientes estão usando o software. Identifique áreas em que eles possam estar enfrentando dificuldades ou subutilizando recursos e ofereça orientações.

6. Feedback Contínuo:

- Coletar feedback regular dos clientes é fundamental. Use pesquisas, análises de NPS e solicitações de feedback para entender suas necessidades e preocupações.

Desafios Exclusivos:

1. Risco de Churn Elevado:

- Os clientes de SaaS têm o poder de cancelar facilmente suas assinaturas, tornando o churn um desafio significativo. O Sucesso do Cliente é crucial para manter a retenção.

2. Escalabilidade:

- À medida que uma empresa de SaaS cresce, escalar o Sucesso do Cliente para lidar com um grande número de clientes pode ser desafiador. É importante encontrar maneiras de automatizar e dimensionar o atendimento ao cliente.

3. Concorrência Intensa:

- A concorrência na indústria de SaaS é acirrada. Isso significa que os clientes têm muitas opções e estão dispostos a mudar facilmente para alternativas se não estiverem satisfeitos. O Sucesso do Cliente é uma maneira de diferenciar sua empresa.

4. Manter Atualizações e Inovações:

- Os produtos de SaaS estão em constante evolução. Os clientes esperam receber atualizações e inovações regulares. Garantir que os clientes aproveitem essas melhorias é um desafio constante.

5. Compreender a Utilização do Software:

- Entender como os clientes realmente usam o software é crucial para fornecer Sucesso do Cliente eficaz. Isso envolve análise detalhada para identificar padrões de uso e áreas de melhoria.

Exemplo Prático:

Uma empresa de SaaS que fornece software de gerenciamento de projetos oferece um programa de Sucesso do Cliente que inclui treinamento individualizado, relatórios de análise de uso e atualizações trimestrais. Eles também têm uma equipe de suporte dedicada disponível 24/7 para garantir que os clientes recebam suporte quando precisarem. Essas práticas ajudaram a empresa a manter uma baixa taxa de churn e a aumentar a satisfação do cliente.

O Sucesso do Cliente é vital para empresas de SaaS devido à sua relação com a retenção de clientes e ao ambiente altamente competitivo. Implementar práticas-chave e abordar desafios exclusivos é essencial para manter clientes satisfeitos e garantir o crescimento contínuo da empresa.

O Sucesso do Cliente desempenha um papel crucial no comércio eletrônico, onde o relacionamento com o cliente frequentemente começa e termina online. Aqui estão algumas estratégias adaptadas para o comércio eletrônico:

1. Personalização da Experiência do Cliente:

- Recomendações Personalizadas: Utilize algoritmos de recomendação para sugerir produtos com base no histórico de compras e comportamento do cliente. Isso aumenta a probabilidade de vendas adicionais.

- E-mails Personalizados: Envie e-mails personalizados com ofertas relevantes, descontos e produtos com base nas preferências e histórico de compras do cliente.

2. Atendimento ao Cliente Online:

- Chat ao Vivo: Implemente um chat ao vivo no site para que os clientes possam obter ajuda instantânea durante a navegação ou o processo de compra.

- Suporte por E-mail: Ofereça suporte por e-mail eficiente e responsivo para responder a perguntas e resolver problemas dos clientes.

3. Gestão de Avaliações de Produtos:

- Revisões e Classificações: Permita que os clientes deixem avaliações e classificações de produtos. Monitore e responda às avaliações, tanto positivas quanto negativas, para demonstrar compromisso com a satisfação do cliente.

- Avaliações Moduladas: Implemente moderação de avaliações para garantir que o conteúdo seja útil e não ofensivo.

4. Programas de Fidelidade:

- Programas de Recompensas: Crie programas de fidelidade que recompensem os clientes por compras repetidas, referências e engajamento com a marca.

5. Rastreamento de Pedidos e Entrega:

- Informações de Rastreamento: Forneça informações de rastreamento de pedidos em tempo real para que os clientes possam acompanhar o status de suas compras.

- Gerenciamento de Problemas de Entrega: Tenha um plano para lidar com problemas de entrega, como atrasos ou itens danificados, com rapidez e eficiência.

6. Retorno e Troca Facilitados:

- Políticas Claras: Estabeleça políticas de devolução e troca claras e amigáveis para os clientes, tornando o processo simples e sem complicações.

7. Acompanhamento Pós-Compra:

- E-mails de Acompanhamento: Envie e-mails de acompanhamento após a compra para verificar a satisfação do cliente e oferecer suporte adicional, se necessário.

8. Comunicação Multicanal:

- Redes Sociais: Esteja ativo nas redes sociais, respondendo a perguntas e comentários dos clientes.

9. Análise de Dados:

- Análise de Comportamento: Utilize análises de dados para entender o comportamento do cliente no site, como os produtos que visualizam, quanto tempo passam em cada página e os pontos de abandono.

10. Coleta de Feedback Constante:

- Pesquisas de Satisfação: Realize pesquisas de satisfação para coletar feedback dos clientes sobre sua experiência de compra.

Exemplo Prático:

Um varejista de moda online utiliza o Sucesso do Cliente implementando uma estratégia de personalização. Eles acompanham o histórico de compras de cada cliente e enviam e-mails com recomendações de produtos com base em compras anteriores. Além disso, oferecem um programa de fidelidade que recompensa os clientes com descontos especiais e acesso antecipado a vendas. Eles também monitoram as avaliações de produtos e respondem prontamente a quaisquer preocupações dos clientes.

No comércio eletrônico, o Sucesso do Cliente é essencial para garantir que os clientes tenham experiências positivas, voltem para fazer compras repetidas e se tornem defensores da marca. A personalização da experiência do cliente e a gestão eficaz de avaliações de produtos são partes fundamentais dessa estratégia.

- Estratégias B2B vs. B2C

Estratégias B2B vs. B2C de Sucesso do Cliente

O Sucesso do Cliente é essencial tanto em contextos B2B quanto B2C, mas as abordagens e objetivos podem diferir significativamente devido às características distintas desses mercados. Vamos comparar e contrastar as estratégias em cada um desses contextos:

1. Público-Alvo:

- B2B: Em contextos B2B, o público-alvo são outras empresas. Isso significa que os clientes são organizações com necessidades e objetivos empresariais específicos.

- B2C: Em contextos B2C, o público-alvo são consumidores individuais. Os clientes são pessoas que fazem compras para uso pessoal.

2. Complexidade das Relações:

- B2B: As relações entre empresas costumam ser mais complexas e de longo prazo. O Sucesso do Cliente B2B envolve a construção de parcerias duradouras e a compreensão profunda das necessidades da empresa cliente.

- B2C: As relações B2C geralmente são mais transacionais e podem ser de curto prazo. O foco é frequentemente na otimização da experiência do cliente durante uma única compra.

3. Estratégias de Personalização:

- B2B: A personalização em contextos B2B muitas vezes se concentra em adaptar a oferta para atender às necessidades específicas da empresa cliente. Isso pode envolver soluções personalizadas, preços negociados e integração com sistemas existentes.

- B2C: A personalização em B2C é frequentemente baseada no histórico de compras e comportamento do cliente individual, visando oferecer produtos e ofertas relevantes.

4. Metas Financeiras:

- B2B: O Sucesso do Cliente B2B está fortemente relacionado com o crescimento da receita a longo prazo, incluindo a renovação de contratos, upsell e cross-sell.

- B2C: Embora a retenção de clientes ainda seja importante, as metas financeiras imediatas podem incluir aumentar o valor médio do pedido e a frequência de compra.

5. Suporte e Atendimento ao Cliente:

- B2B: O suporte B2B frequentemente envolve uma equipe de atendimento ao cliente altamente treinada e especializada, pois as necessidades das empresas são variadas e complexas.

- B2C: O suporte B2C pode ser mais automatizado e incluir recursos como chatbots para responder a perguntas comuns.

6. Avaliação de Riscos:

- B2B: As empresas B2B tendem a avaliar riscos mais minuciosamente antes de fazer compras significativas. O Sucesso do Cliente B2B envolve fornecer informações e recursos para mitigar esses riscos.

- B2C: Os consumidores B2C podem estar mais dispostos a experimentar produtos ou serviços, com menor hesitação em relação a riscos.

7. Canais de Comunicação:

- B2B: As comunicações B2B muitas vezes ocorrem por meio de canais mais formais, como e-mails, reuniões presenciais e videoconferências.

- B2C: As comunicações B2C são frequentemente realizadas por meio de canais mais informais, como redes sociais, chat ao vivo e e-mails de marketing.

Exemplo Prático:

B2B: Uma empresa de software B2B oferece um programa de Sucesso do Cliente que inclui treinamento personalizado, suporte prioritário e consultoria para integrar o software aos sistemas existentes do cliente. O foco é garantir que a empresa cliente alcance seus objetivos de negócios com eficácia.

B2C: Uma loja de varejo online B2C oferece recomendações de produtos personalizados com base nas compras e visualizações passadas dos clientes. Eles enviam e-mails de acompanhamento após a compra e mantêm um chat ao vivo para ajudar os clientes com perguntas sobre produtos e entregas.

O Sucesso do Cliente é fundamental tanto em contextos B2B quanto B2C, mas as estratégias e os objetivos variam de acordo com o público e as necessidades específicas desses mercados. O foco no relacionamento e na personalização é uma constante em ambas as abordagens.

- Abordagens para PMEs e grandes empresas

Abordagens para PMEs (Pequenas e Médias Empresas) e Grandes Empresas em Sucesso do Cliente

O Sucesso do Cliente é aplicado de maneira diferente quando se trata de atender a PMEs em comparação com grandes empresas, devido às diferenças de escala, recursos e necessidades específicas. Aqui estão algumas das principais variações nas abordagens:

1. Escala:

- **PMEs:** As PMEs geralmente têm uma base de clientes menor em comparação com grandes empresas. Isso permite uma abordagem mais personalizada, na qual é possível conhecer os clientes individualmente.

- Grandes Empresas: Grandes empresas normalmente têm uma base de clientes extensa. A escala pode exigir processos mais padronizados e sistemas de gerenciamento mais robustos.

2. Recursos:

- PMEs: As PMEs frequentemente têm recursos limitados, incluindo equipes enxutas e orçamentos restritos. Isso exige abordagens mais eficientes e acessíveis, como automação de processos e soluções autosserviço.

- Grandes Empresas: Grandes empresas têm mais recursos à disposição, permitindo investimentos em equipes maiores de Sucesso do Cliente, tecnologia avançada e programas de personalização mais elaborados.

3. Personalização:

- PMEs: A personalização é frequentemente mais íntima nas PMEs, pois é possível estabelecer relacionamentos mais estreitos com os proprietários ou tomadores de decisão. As soluções podem ser adaptadas de forma mais específica às necessidades da empresa.

- Grandes Empresas: A personalização em grandes empresas pode ser mais complexa, pois é preciso considerar múltiplos stakeholders e departamentos. Isso pode envolver a criação de planos de Sucesso do Cliente altamente personalizados para cada cliente corporativo.

4. Complexidade:

- PMEs: As PMEs tendem a ter necessidades de menor complexidade em termos de integração, treinamento e suporte. A simplicidade pode ser uma vantagem.

- Grandes Empresas: Grandes empresas geralmente têm sistemas e processos mais complexos, exigindo soluções de Sucesso do Cliente que possam lidar com essa complexidade, incluindo integrações de software personalizadas e treinamento corporativo extenso.

5. Comunicação:

- PMEs: A comunicação com PMEs pode ser mais direta e informal, frequentemente por meio de canais como e-mail ou chamadas telefônicas.

- Grandes Empresas: A comunicação com grandes empresas pode ser mais formal e estruturada, envolvendo reuniões regulares, painéis de controle personalizados e sistemas de tickets.

Exemplo Prático:

PMEs: Uma empresa de software de contabilidade oferece uma versão simplificada de seu software direcionada para PMEs. Eles fornecem recursos de autoatendimento, tutoriais em vídeo curtos e suporte por e-mail. A abordagem é focada em simplicidade e acessibilidade.

Grandes Empresas: A mesma empresa de software oferece uma versão corporativa de seu software para grandes empresas. Eles têm uma equipe dedicada de gerentes de Sucesso do Cliente que trabalham diretamente com os departamentos de contabilidade das empresas clientes. Isso inclui treinamento personalizado, integrações com sistemas internos e atendimento ao cliente 24/7.

A abordagem de Sucesso do Cliente varia entre PMEs e grandes empresas devido às diferenças de escala, recursos e necessidades. Em ambos os casos, a chave é adaptar as estratégias para atender às características específicas do cliente e garantir que eles alcancem seus objetivos com eficácia.

Em setores altamente regulamentados, como saúde, finanças e energia, o Sucesso do Cliente desempenha um papel crítico na garantia do cumprimento das regulamentações e na satisfação do cliente. Aqui estão casos de uso em cada um desses setores e como o cumprimento das regulamentações afeta as estratégias de Sucesso do Cliente:

1. Setor de Saúde:

- Caso de Uso: Uma empresa de software médico fornece um sistema de gerenciamento de registros de saúde eletrônicos (EHR) para clínicas médicas. O cumprimento de regulamentações rigorosas, como a Lei de Portabilidade e Responsabilidade de Seguro de Saúde (HIPAA) nos EUA, é fundamental para proteger os dados de saúde dos pacientes.

- Estratégia de Sucesso do Cliente: A empresa trabalha em estreita colaboração com as clínicas para garantir que seu software esteja em conformidade com o HIPAA. Eles oferecem treinamento intensivo em privacidade de dados e segurança cibernética. Além disso, a equipe de Sucesso do Cliente ajuda as clínicas a implementar políticas internas que garantam a conformidade contínua.

2. Setor Financeiro:

- Caso de Uso: Um banco oferece serviços de gerenciamento de patrimônio para clientes de alto patrimônio líquido. Cumprir regulamentações financeiras, como a Lei de

Sigilo Bancário, é essencial para proteger as informações financeiras confidenciais dos clientes.

- Estratégia de Sucesso do Cliente: O banco investe em tecnologia avançada de segurança cibernética e treinamento rigoroso para sua equipe de Sucesso do Cliente. Eles também fornecem aos clientes relatórios detalhados sobre como o banco está cumprindo regulamentações e protegendo seus ativos.

3. Setor de Energia:

- Caso de Uso: Uma empresa de serviços públicos oferece soluções de energia para clientes industriais. O cumprimento de regulamentações ambientais e de segurança é crucial para evitar multas e garantir operações sustentáveis.

- Estratégia de Sucesso do Cliente: A empresa trabalha em estreita colaboração com seus clientes industriais para garantir que suas operações estejam em conformidade com regulamentações ambientais. Eles oferecem análises de eficiência energética e ajudam os clientes a adotar práticas mais sustentáveis.

Impacto das Regulamentações nas Estratégias de Sucesso do Cliente:

1. Treinamento Especializado: Em setores regulamentados, a equipe de Sucesso do Cliente deve receber treinamento especializado para entender as regulamentações relevantes e garantir que os clientes estejam em conformidade.

2. Auditorias e Relatórios Regulatórios: O Sucesso do Cliente pode ajudar os clientes a preparar relatórios regulatórios necessários, garantindo que todas as informações sejam

precisas e apresentadas de acordo com os padrões.

3. Monitoramento Contínuo: As estratégias de Sucesso do Cliente devem incluir monitoramento contínuo para garantir que os clientes estejam cumprindo as regulamentações em evolução. Isso pode envolver a atualização de sistemas e políticas conforme necessário.

4. Integração de Tecnologia de Segurança: As empresas devem investir em tecnologia de segurança cibernética de ponta para proteger dados sensíveis e garantir a conformidade com regulamentações de privacidade de dados.

Em setores altamente regulamentados, o Sucesso do Cliente desempenha um papel vital no cumprimento de regulamentações e na satisfação do cliente. As estratégias devem ser adaptadas para fornecer treinamento especializado, monitoramento contínuo e integração de tecnologia de segurança para garantir a conformidade regulatória.

Capítulo 8: Evolução Futura do Sucesso do Cliente

- Tendências emergentes no Sucesso do Cliente

O campo do Sucesso do Cliente está em constante evolução, impulsionado por mudanças no mercado e avanços tecnológicos. Aqui estão algumas tendências emergentes no Sucesso do Cliente:

1. Personalização Avançada:

- Descrição: A personalização está se tornando cada vez mais sofisticada. As empresas estão usando dados avançados para personalizar a jornada do cliente, oferecendo recomendações precisas e comunicações altamente relevantes.

- Impacto: Isso leva a uma maior satisfação do cliente, pois eles se sentem compreendidos e atendidos individualmente.

2. Automatização e IA:

- Descrição: A inteligência artificial (IA) está sendo usada para automatizar tarefas repetitivas, como triagem de tickets de suporte, análise de dados do cliente e chatbots para atendimento ao cliente.

- Impacto: Isso aumenta a eficiência, reduz custos e permite que a equipe de Sucesso do Cliente se concentre em interações de alto valor com os clientes.

3. Análise de Sentimento e Emoções:

- Descrição: As empresas estão usando análise de texto e processamento de linguagem natural para avaliar o sentimento e as emoções dos clientes com base em suas interações.

- Impacto: Isso ajuda a identificar problemas antes que eles se tornem críticos e a personalizar as respostas de acordo com o estado emocional do cliente.

4. Automatização do Sucesso do Cliente:

- Descrição: As empresas estão implementando sistemas de automação de Sucesso do Cliente para rastrear métricas, criar tarefas automatizadas e enviar notificações quando a intervenção humana é necessária.

- Impacto: Isso melhora a eficiência e a escalabilidade das operações de Sucesso do Cliente.

5. Abordagem Pós-Digital:

- Descrição: A pandemia acelerou a transformação digital, mas agora as empresas estão adotando uma abordagem "pós-digital" que se concentra em experiências humanas e conexões autênticas com os clientes.

- Impacto: O Sucesso do Cliente se torna mais centrado no cliente e menos focado apenas em tecnologia.

6. Valor Medido pelo Cliente:

- Descrição: As empresas estão mudando o foco de métricas internas para métricas orientadas pelo cliente, como Valor de Vida do Cliente (CLV) e Pontuação de Sucesso do Cliente (CSS).

- Impacto: Isso garante que as estratégias de Sucesso do Cliente estejam alinhadas com o valor percebido pelo cliente, o que pode levar a uma maior fidelidade.

7. Sucesso do Cliente Socialmente Responsável:

- Descrição: As empresas estão incorporando práticas socialmente responsáveis em suas estratégias de Sucesso do Cliente, como iniciativas de sustentabilidade e filantropia.

- Impacto: Isso ajuda a construir uma imagem de marca positiva e a atrair clientes que compartilham os mesmos valores.

8. Educação Contínua do Cliente:

- Descrição: As empresas estão investindo em programas de educação contínua para seus clientes, fornecendo recursos educacionais e treinamento personalizado.

- Impacto: Isso aumenta a eficácia do uso do produto ou serviço, promovendo uma maior retenção e satisfação do cliente.

9. Abordagens Híbridas de Sucesso do Cliente:

- Descrição: As empresas estão adotando abordagens híbridas que combinam automação e intervenção humana, garantindo que os clientes obtenham o melhor dos dois mundos.

- Impacto: Isso equilibra eficiência e personalização, atendendo às necessidades variadas dos clientes.

Essas tendências estão moldando o futuro do Sucesso do Cliente, tornando-o mais centrado no cliente, eficiente e adaptado às necessidades em constante evolução do mercado. À medida que novas tecnologias e abordagens continuam a surgir, as empresas que adotam essas tendências estarão bem posicionadas para garantir o sucesso a longo prazo de seus clientes.

A integração de inteligência artificial (IA) e automação está desempenhando um papel cada vez mais importante no Sucesso do Cliente, oferecendo oportunidades para melhorar a eficiência e a personalização. Aqui está como essas tecnologias estão sendo utilizadas:

1. Atendimento ao Cliente Virtual:

- Descrição: Chatbots e assistentes virtuais baseados em IA são usados para fornecer suporte ao cliente 24/7. Eles podem responder a perguntas comuns, fornecer informações básicas e direcionar os clientes para recursos relevantes.

- Benefícios: Isso melhora a eficiência, permitindo que os clientes obtenham respostas imediatas. Além disso, libera a equipe de Sucesso do Cliente para lidar com consultas mais complexas.

2. Triagem e Classificação de Tickets:

- Descrição: A IA pode ser usada para triar e classificar automaticamente os tickets de suporte com base na urgência e na natureza do problema.

- Benefícios: Isso melhora a eficiência, garantindo que os problemas críticos sejam tratados rapidamente, enquanto os menos urgentes aguardam atendimento.

3. Análise de Sentimento do Cliente:

- Descrição: A análise de linguagem natural é usada para avaliar o sentimento e as emoções dos clientes com base em suas interações por e-mail, chat ou redes sociais.

- Benefícios: Isso permite uma resposta mais empática e personalizada, especialmente quando um cliente está frustrado ou insatisfeito.

4. Personalização de Comunicações:

- Descrição: IA e automação são usadas para personalizar as comunicações com os clientes, incluindo e-mails de acompanhamento, mensagens de in-app e recomendações de produtos.

- Benefícios: Isso aumenta a relevância das comunicações, melhorando a experiência do cliente e aumentando a probabilidade de upsell ou cross-sell.

5. Automação de Tarefas Repetitivas:

- Descrição: Tarefas repetitivas, como envio de pesquisas de satisfação do cliente ou solicitações de avaliações, podem ser automatizadas.

- Benefícios: Isso economiza tempo da equipe de Sucesso do Cliente, permitindo que eles se concentrem em tarefas de maior valor, como consultoria personalizada.

6. Segmentação de Clientes:

- Descrição: IA é usada para segmentar clientes com base em comportamentos, preferências e histórico de compras.

- Benefícios: Isso permite que as empresas direcionem campanhas de Sucesso do Cliente específicas para grupos de clientes com necessidades semelhantes.

7. Análise Preditiva:

- Descrição: A análise preditiva é usada para prever o comportamento futuro do cliente, como a probabilidade de renovação de contrato ou churn.

- Benefícios: Isso permite que as empresas tomem medidas proativas para manter os clientes satisfeitos e reduzir o churn.

8. Suporte Multicanal:

- Descrição: Automação e IA facilitam o fornecimento de suporte consistente em vários canais, como chat ao vivo, e-mail, telefone e redes sociais.

- Benefícios: Os clientes podem escolher o canal que melhor se adapta às suas necessidades, e a automação garante uma experiência uniforme.

A integração de IA e automação no Sucesso do Cliente está melhorando a eficiência operacional e permitindo uma personalização mais eficaz. Isso resulta em uma experiência do cliente aprimorada, maior retenção e maior eficiência da equipe de Sucesso do Cliente, permitindo que eles se concentrem em interações de alto valor.

- Foco na ética e privacidade do cliente

A ética e a privacidade do cliente estão se tornando cada vez mais importantes no Sucesso do Cliente. As empresas estão reconhecendo que a confiança do cliente é fundamental para estabelecer relacionamentos duradouros. Aqui está como as empresas estão abordando essas questões de forma responsável:

1. Transparência:

- Descrição: As empresas estão sendo mais transparentes sobre como coletam, usam e compartilham dados do cliente. Elas explicam claramente os objetivos da coleta de dados e obtêm o consentimento quando necessário.

- Benefícios: Isso cria um ambiente de confiança, onde os clientes se sentem mais à vontade em compartilhar informações e interagir com a empresa.

2. Consentimento Informado:

- Descrição: As empresas obtêm o consentimento informado dos clientes para coletar e utilizar seus dados. Isso significa que os clientes têm plena consciência do que estão autorizando.

- Benefícios: Isso garante que os clientes tenham controle sobre seus dados e que suas preferências sejam respeitadas.

3. Segurança de Dados:

- Descrição: As empresas estão investindo em segurança de dados robusta para proteger as informações do cliente contra violações e vazamentos.

- Benefícios: Isso ajuda a evitar danos à reputação da empresa e protege a privacidade do cliente.

4. Minimização de Dados:

- Descrição: As empresas estão adotando a prática de coletar apenas os dados estritamente necessários para atender às necessidades do cliente.

- Benefícios: Isso reduz o risco de exposição de dados sensíveis e demonstra um compromisso com a privacidade.

5. Personalização Responsável:

- Descrição: As empresas estão usando dados de forma responsável para personalizar a experiência do cliente, evitando a invasão excessiva de privacidade.

- Benefícios: Isso permite que os clientes recebam ofertas e recomendações relevantes sem comprometer sua privacidade.

6. Atendimento Ético:

- Descrição: O Sucesso do Cliente é orientado por princípios éticos, garantindo que os clientes sejam tratados de forma justa e respeitosa.

- Benefícios: Isso constrói relacionamentos de longo prazo baseados na confiança, o que pode levar a uma maior retenção de clientes.

7. Conformidade Regulatória:

- Descrição: As empresas estão acompanhando as regulamentações de privacidade de dados, como o GDPR na Europa, e garantindo que suas práticas estejam em conformidade.

- Benefícios: Isso evita multas e litígios, além de demonstrar um compromisso com a conformidade e a ética.

8. Educação do Cliente:

- Descrição: As empresas estão educando os clientes sobre suas políticas de privacidade e segurança de dados, para que possam tomar decisões informadas.

- Benefícios: Isso capacita os clientes a protegerem sua própria privacidade e a entenderem como suas informações são usadas.

9. Auditorias e Avaliações:

- Descrição: Algumas empresas realizam auditorias regulares de privacidade de dados e avaliações de risco para garantir que suas práticas estejam alinhadas com as melhores práticas.

- Benefícios: Isso ajuda a identificar e corrigir vulnerabilidades antes que elas se tornem problemas significativos.

A ética e a privacidade do cliente são essenciais no Sucesso do Cliente, pois impactam a confiança, a satisfação e a retenção do cliente. As empresas que abordam essas questões de forma responsável e transparente podem estabelecer relacionamentos mais sólidos e duradouros com seus clientes, resultando em benefícios mútuos a longo prazo.

Antecipar as necessidades futuras dos clientes é essencial para o Sucesso do Cliente. Quando as empresas conseguem prever e atender às expectativas em constante evolução, elas podem construir relacionamentos mais sólidos e garantir a satisfação contínua dos clientes. Aqui está a importância dessa antecipação e estratégias para alcançá-la:

Importância:

1. Fidelização de Clientes: Antecipar as necessidades dos clientes ajuda a construir lealdade. Quando os clientes veem que a empresa está um passo à frente em atender às suas necessidades, eles são mais propensos a permanecer.

2. Satisfação Contínua: Clientes satisfeitos são mais propensos a se tornarem defensores da marca e a continuar comprando ou utilizando os serviços da empresa.

3. Redução do Churn: Antecipar problemas ou insatisfações dos clientes pode impedir o churn, ou seja, a perda de clientes para a concorrência.

4. Upsell e Cross-Sell: Compreender as necessidades futuras permite identificar oportunidades para upsell (vender um produto ou serviço mais avançado) e cross-sell (vender produtos ou serviços complementares).

Estratégias para Antecipar Necessidades Futuras:

1. Análise de Dados: Use análise de dados para rastrear o comportamento do cliente e identificar tendências. Isso pode envolver a

análise de padrões de uso, feedback do cliente e métricas de engajamento.

2. Pesquisas e Feedback: Conduza pesquisas regulares para entender as necessidades dos clientes e suas expectativas. Isso pode incluir pesquisas de satisfação do cliente e entrevistas qualitativas.

3. Acompanhamento Proativo: Mantenha contato com os clientes de forma proativa para entender seus planos e objetivos. Isso pode ser feito por meio de reuniões regulares de acompanhamento ou comunicações personalizadas.

4. Tecnologia Predictiva: Utilize ferramentas de análise preditiva que usam algoritmos para prever o comportamento futuro do cliente com base em dados históricos.

5. Segmentação Avançada: Divida sua base de clientes em segmentos com base em

características e comportamentos semelhantes. Isso permite a personalização de estratégias para grupos específicos.

6. Feedback Contínuo: Estabeleça canais de comunicação contínua para que os clientes possam fornecer feedback sempre que surgirem novas necessidades ou expectativas.

7. Colaboração Interna: Facilite a colaboração entre equipes, como vendas, marketing, suporte e sucesso do cliente, para compartilhar insights e informações sobre os clientes.

8. Aprendizado Constante: Mantenha-se atualizado com as tendências do setor e tecnologias emergentes que possam impactar as necessidades dos clientes.

9. Flexibilidade e Agilidade: Esteja preparado para se adaptar rapidamente às mudanças nas

necessidades dos clientes, ajustando produtos, serviços ou estratégias conforme necessário.

10. Educação do Cliente: Forneça recursos educacionais para ajudar os clientes a entenderem como podem tirar o máximo proveito dos produtos ou serviços oferecidos.

Em resumo, antecipar as necessidades futuras dos clientes é um componente crítico do Sucesso do Cliente. Isso envolve a coleta de dados, a escuta ativa, a análise de tendências e a flexibilidade para se adaptar às mudanças. Quando as empresas se esforçam para entender e atender às expectativas em evolução de seus clientes, estão melhor posicionadas para construir relacionamentos de longo prazo e alcançar o sucesso mútuo.

- Moldando uma cultura centrada no Sucesso do Cliente.

Uma cultura organizacional centrada no Sucesso do Cliente é fundamental para garantir que todos os departamentos e funcionários estejam alinhados com o objetivo principal de atender e superar as expectativas dos clientes. Aqui estão as etapas e a importância de criar uma cultura centrada no Sucesso do Cliente:

1. Definir a Visão e os Valores:

- Descrição: Comece por estabelecer uma visão clara e valores que enfatizem a importância do Sucesso do Cliente. Essa visão deve ser comunicada a todos os níveis da organização.

- Importância: Define as expectativas e a direção da empresa, destacando o compromisso com o Sucesso do Cliente.

2. Liderança Exemplar:

- Descrição: Líderes e executivos devem liderar pelo exemplo, demonstrando um compromisso firme com o Sucesso do Cliente em suas ações e decisões.

- Importância: Isso cria um ambiente em que a cultura centrada no cliente é valorizada e priorizada em toda a organização.

3. Comunicação Aberta:

- Descrição: Promova uma comunicação aberta e transparente, incentivando os funcionários a compartilhar insights e informações relacionadas aos clientes.

- Importância: Isso ajuda a identificar problemas e oportunidades rapidamente e promove uma compreensão compartilhada do cliente em toda a empresa.

4. Treinamento e Desenvolvimento:

- Descrição: Forneça treinamento e desenvolvimento contínuos para equipes em todos os departamentos, incluindo vendas, marketing, suporte e desenvolvimento de produtos.

- Importância: Isso capacita os funcionários a entenderem como seu papel contribui para o Sucesso do Cliente e os ajuda a adquirir as habilidades necessárias para atender às necessidades dos clientes.

5. Colaboração Interdepartamental:

- Descrição: Incentive a colaboração entre diferentes departamentos para resolver problemas e melhorar a experiência do cliente.

- Importância: Muitas vezes, os desafios do cliente exigem uma abordagem interfuncional para uma solução eficaz.

6. Feedback dos Clientes:

- Descrição: Utilize feedback direto dos clientes para orientar melhorias e ajustes em produtos, serviços e processos internos.

- Importância: Os clientes são uma fonte valiosa de informações sobre como a empresa pode atender melhor às suas necessidades.

7. Métricas Orientadas pelo Cliente:

- Descrição: Estabeleça métricas e KPIs que estejam alinhados com o Sucesso do Cliente, como Taxa de Churn, Pontuação de Satisfação do Cliente (CSAT) e Valor de Vida do Cliente (CLV).

- Importância: Isso ajuda a medir e avaliar o progresso em direção aos objetivos de Sucesso do Cliente e a identificar áreas que precisam de melhoria.

8. Reconhecimento e Recompensas:

- Descrição: Reconheça e recompense funcionários e equipes que demonstram excelência em atender às necessidades dos clientes.

- Importância: Isso incentiva a motivação e o compromisso com o Sucesso do Cliente.

9. Evolução Contínua:

- Descrição: Esteja disposto a adaptar e evoluir a cultura de acordo com as mudanças nas necessidades dos clientes e no mercado.

- Importância: A capacidade de se adaptar às mudanças é essencial para manter o foco no Sucesso do Cliente a longo prazo.

10. Feedback dos Funcionários:

- Descrição: Ouça e valorize o feedback dos funcionários sobre como a cultura centrada no Sucesso do Cliente pode ser aprimorada.

- Importância: Os funcionários são uma fonte valiosa de insights sobre o funcionamento interno da empresa e as áreas que podem ser aprimoradas.

Uma cultura centrada no Sucesso do Cliente não é responsabilidade apenas de uma equipe ou departamento específico; envolve toda a organização. Quando todos os funcionários compartilham o compromisso de atender e superar as expectativas dos clientes, a empresa está em uma posição mais forte para construir relacionamentos duradouros, promover a fidelidade do cliente e alcançar o sucesso mútuo.

www.ingramcontent.com/pod-product-compliance
Lightning Source LLC
Chambersburg PA
CBHW050724260726
48661CB00001B/52